불타는 세계 비전

네비게이토 선교회는
국제적이며 복음적인 기독교 기관이다.
예수 그리스도께서는 자기를 따르는 자들에게
"너희는 가서 모든 족속으로 제자를 삼으라"
(마태복음 28:19)는 지상사명을 주셨다.
네비게이토 선교회는 세계 모든 국가에서
예수 그리스도의 일꾼들을 배가시켜
이 지상사명의 성취를 돕는 것을
근본 목표로 하고 있다.

네비게이토 출판사는
네비게이토 선교회의 문서 선교를 담당하고 있다.
본 출판사에서는 그리스도인의 영적 성장을 돕는
서적과 자료들을 출판하여,
그리스도인의 삶의 기초가 견고한
헌신된 제자로 성장하게 하고,
나아가 성숙한 인격과 지도력을 갖춘
일꾼이 되도록 돕고 있다.

Translated by permission
Title originally published in English as
THE NAVIGATOR by NavPress,
a ministry of The Navigators, USA.
ⓒ 1983 by Robert Foster.
All rights reserved
Korean Copyright © 1988, 1998, 2009
by Korea NavPress.

불타는 세계 비전
THE NAVIGATOR

봅 포스터

Robert Foster

TO KNOW CHRIST AND TO MAKE HIM KNOWN

차 례

추천의 말 / 7
머리말 / 11
서론 / 13

1. 새 포도주 / 19
2. 질그릇 / 25
3. 꺼질 줄 모르는 열정 / 37
4. 삶의 중심부에 / 59
5. 말씀의 대가 / 69
6. 성령의 검을 들고 / 85
7. 사람 낚는 어부 / 99
8. 양육의 사도 / 117
9. 앞서 행하는 삶 / 149
10. 그리스도의 몸을 위한 열정 / 163
11. 불타는 세계 비전 / 173
12. 마지막 메시지 / 191

추천의 말

도슨 트로트맨은 내가 만났던 사람들 가운데 가장 잊히지 않는 인물 중의 한 분입니다. 그는 언제 어디서나 누군가를 도와주고 있었습니다. 쉴 새 없이 일하면서 날마다 매순간 사람들의 마음을 움직여 그리스도를 위해 살도록 깊은 영향을 주곤 했습니다. 이 책에서, 나의 오랜 친구인 봅 포스터는 하나님께서 도슨의 독특하고도 헌신된 생애를 어떻게, 그리고 왜 사용하셨는지를 추적했습니다. 여러분도 이 책을 읽는 동안 그리스도께 더욱 헌신된 삶을 살고자 하는 동기를 얻을 수 있을 것입니다. 봅 포스터 역시 생동감 넘치는 일생을 살아 온 사람으로 언젠가 그의 생애도 글로 펴낼 만합니다.

일리노이 주 휘튼대 교목으로 있을 당시 나는 도슨 트로트맨이 창시한 네비게이토라는 선교 단체의 이름을 자주 들었습니다. 한번은 내가 도슨에게 우리 교회에서 주일 설교를 해달라고 부탁한 적이 있었습니다. 그때 그의 설교는 당시의 예배 참석자들은 물론 대학가에도 충격적인 영향을 미쳤던 것을 기억합니다.

그때부터 그와 나는 둘도 없는 절친한 사이가 되었고, 또한 그는 나의 좋은 조언자가 되어 주었습니다.

1949년 로스앤젤레스에서 온 국민의 이목을 집중시켰던 첫 전도 집회가 있었을 때, 나는 도슨에게 상담과 양육을 도와달라고 부탁했습니다. 그 당시 우리 팀에는 '개인 상담자'라고 불리는 일꾼들이 있어서 최소한의 양육을 담당하는 정도였습니다. 즉 집회장 옆 텐트에 들어가 말을 건네고 그 사람과 일대일로 기도하는 것이 당시 클리프 배로우와 내가 할 수 있었던 일의 전부였습니다. 그 후 몇 년간도 우리는 그 수준을 유지하는 것으로 만족해야 했습니다.

도슨 트로트맨이 우리를 돕게 되면서부터 상담과 양육은 체계화되었고 더욱 활기를 띠었습니다. 그는 우리 사역을 위해 양육을 위한 소책자를 만들기 시작했고, 또한 사역을 효과적으로 성취할 수 있는 방법에 대해 적절한 제안들을 해주었습니다. 그 당시 도슨은 론 쎄니를 훈련시키고 있던 터라 점차 우리 집회의 양육과 상담 책임을 론 쎄니에게 넘겨주게 되었습니다. 하지만 우리가 보유하고 있는 광범위한 양육 체계는 '대중 전도'의 역사에서 가장 포괄적이고 심도가 깊은 것으로, 거의가 도슨 트로트맨의 마음과 생각에서 비롯된 것입니다.

앞으로 이 책에서 읽을 수 있겠지만, 도슨은 우리 전도단의 양육 과정을 도와주었을 뿐 아니라, 네비게이토 선교회 일꾼들을 성경 말씀 사용, 전도, 제자의 도 등 여러 가지 면에서 질적으로 매우 수준 높게 훈련시켜 왔습니다. 그는 수천 명에게 그리스도인의 성장 원리를 심어 주었습니다.

이 책에서 보여 주듯이, 도슨은 절대로 구태의연한 타성에 젖지 않았으며, 투박하고 강인한 일면을 지닌 사람이었습니다. 이렇듯 강한 개성을 가진 그였지만 친절하고 이해심도 깊었습니다. 신중

하고도 진지한 반면 유머 감각이 있었으며 때로는 짓궂은 장난도 서슴지 않았습니다.

도슨은 강한 믿음과 낙관적인 성품의 소유자였습니다. 그는 사람들에게 활력을 불어넣어 주고 동기력을 주는 면에서 뛰어난 지도자였습니다. 그는 많은 시간을 자신이 주님께 인도한 사람들과 함께 기도에 들였습니다. 한번은 스위스에서 전도 집회를 가진 일이 있었는데 집회가 시작되기 며칠 전부터 그와 나는 함께 밖에 나가서 오랫동안 기도한 적이 많았습니다. 우리는 같은 호텔에 머물렀는데, 내 방으로 그가 오든지 내가 그의 방에 가서 함께 무릎을 꿇고 간절히 부르짖던 기억이 아직도 생생합니다.

도슨이 자신의 메시지를 전달하기 위해 생각해 낸 수레바퀴 예화는 그리스도가 바퀴의 중심축을 이루고 말씀, 기도, 교제, 증거가 그 살을 구성합니다. 도슨 자신이 성경 말씀에 헌신되어 있었고, 기회가 있을 때마다 그리스도인들에게 성경암송과 암송한 말씀을 효과적으로 간직할 수 있도록 복습을 강조했습니다. 그는 또한 전도와 양육에도 희생적이고 헌신된 삶을 살았습니다.

나는 도슨 트로트맨을 결코 잊을 수 없습니다. 그는 항상 '하나님 아버지의 일'에 몰두했던 사람입니다.

빌리 그래함

머리말

이 책은 주님의 종 도슨 트로트맨의 50년이라는 짧은 생애가 주님께 어떻게 쓰였는지를 보여 주는 데 그치지 않습니다. 그의 메시지나 그를 만났던 사람들을 통해서, 그가 무엇을 믿었고 무엇을 가르쳐 왔으며 또 왜 그랬는지에 대해 파헤쳐 보려고 노력했습니다. 그가 특별히 주님의 몸 된 교회에 끼친 공헌은 무엇이었습니까? 왜 특별히 그를 일컬어 '많은 영적 세대의 기초'라고 부르고 있습니까?

나는 하나님의 사람 도슨을 더욱 깊이 이해하도록 자극을 주었던 이런 질문들에 대한 답을 찾는 일에 최선을 기울였습니다. 그리고 그러한 답들을 얻기 위해 대개 다음 4가지 방법을 사용했습니다. 즉 그의 사상이나 생각을 알기 위해 그의 말을 연구하는 일, 그의 동기를 이해하기 위해 그의 성격이나 확신을 면밀히 살피는 일, 그가 이끌었던 기관을 연구하는 일, 그리고 마지막으로 그가 훈련시키고 비전을 심어 주었던 영적 후손들의 삶을 살펴보는 일이 그것들입니다. 도슨 트로트맨의 생애를 연대순으로 포괄적으로 다룬 훌륭한 전기는 베티 스키너의 '도슨 트로트맨'입니다.

도슨은 많은 책을 남기지도 않았습니다. 그의 삶은 모조리 제자삼는 일에 투자되었던 것입니다. 그의 기념비는 대리석이 아닌, 그가 훈련시켰던 사람들의 삶 속에, 그리고 책이 아닌, 성서적 진리에 입각한 생활 원리 속에, 그리고 기관이 아닌, 세계 방방곡곡에서 그리스도의 일꾼들을 재생산하는 원리 속에서 영원히 빛날 것입니다.

서 론

1956년 6월 18일 오후 한 쾌속정이 뉴욕 주 북부에 위치한 슈룬 호수의 찬 물결을 가로지르며 질주하고 있었습니다. 그런데 갑자기 몰아닥친 파도가 그 배를 강타하면서 배에 타고 있던 한 소녀를 물속에 집어 던지고 말았습니다. 도슨은 물에 빠진 소녀를 구하기 위해 뛰어들어 그 소녀가 구조될 때까지 물속에서 그녀를 떠받치고 있었습니다. 결국 소녀가 구출되는 순간 안타깝게도 그는 물속에 가라앉고 말았습니다.

1956년 7월 2일자 타임지의 종교란에 그의 죽음에 대한 기사가 실려 온 세상에 알려졌습니다. 그의 사진 밑에 '항상 누군가를 붙들어 주다가 간 사람'이라는 제목하에 다음과 같은 기사가 실렸습니다. "네비게이토의 창시자 도슨 트로트맨의 죽음은 이러했다. 언제나 삶으로 성경 말씀을 온 세계에 증거했던 영향력 있는 운동의 주역 네비게이토…."

도대체 도슨 트로트맨은 어떤 인물이었기에 그의 죽음이 신문 지상에까지 기사화되었습니까?

오늘날 많은 기독교 지도자들도 하나님을 위한 도슨의 30년간의 삶이 오랫동안 잊혀 왔던 성경의 근본 진리, 즉 갓 태어난 그리스도인들의 개인적인 양육, 일대일 제자 훈련, 그리고 지상사명 성취를 위한 재생산의 중요성 등을 전 세계 그리스도인들에게 다시금 일깨워 준 사실을 인정하고 있습니다.

라이트 형제 하면 비행기가 생각나듯 도슨 하면 훈련이 연상됩니다. 그는 놀라운 비전을 소유했습니다. 비록 방법론적인 면에서 세련되지 못한 점들도 발견되지만 그는 분명 새로운 역사를 일으킨 개척자였음에 틀림없습니다.

세계적인 대중 전도자 빌리 그래함은 1956년, 도슨에 대해 다음과 같이 말했습니다. "나는 도슨이야말로 내가 알고 있는 어느 누구보다도 많은 사람들을 변화시킨 인물이라고 생각합니다. 오늘날의 우리는 이 위대한 한 사람의 생애를 통해 인종, 언어, 문화를 초월하여 영향받은 수많은 제자들을 대표하고 있을 따름입니다.…"

도슨의 뒤를 이어 네비게이토 선교회의 회장으로 수고해 온 론 쎄니는 도슨 트로트맨의 발자취를 더듬어 보는 가운데 다음과 같이 말했습니다. "도슨은 원래 어떤 필생의 업적을 남기려고 했거나, 실제적이고 효과적인 영적 재생산의 방법을 남기려고 했던 것이 아니라—결과적으로는 그러한 업적과 방법을 남기긴 했지만—그리스도인이 살아야 할 삶의 원리를 제시하고자 노력했습니다. 도슨이 남긴 삶의 원리는 풍성한 열매를 맺으며 비전을 가진 사람들의 삶 속에 나타나고 있습니다. 이 비전은 일대일의 방법으로 제자들을 배가시키는 것으로, 각자 자기가 배운 그대로 사람을 얻어 그를 가르치고 훈련시켜 또 다른 사람을 가르칠 수 있도록 돕는 것입니다. 뛰어난 능력을 가진 사람을 통해서나 기발한 방법을 통해서가 아니라, 언제나 하나님의 말씀을 신뢰하며 하나님의 뜻을 발견하고 그것을 하나님의 방법으로 이루고자 결심한 한 평범한 사람에 의해 수많은 영혼들이 지금까지 영향을 받고 변화되어 온 것입니다."

위클리프 성경 번역 선교회의 창시자요 도슨의 절친한 친구였던 캐머론 타운센드는 도슨에 대해 다음과 같은 재미있는 일화를 이야기한 적이 있습니다. "말씀을 전하기 위해 짧은 기간 동안 로스앤젤레스에 머물고 있었을 때, 나는 심한 요통으로 고생하고 있었습니다. 하도 통증이 심해서 말씀 전하는 일은 고사하고 움직이기조차 곤란했습니다.

그럭저럭 주말까지 간신히 버텼습니다. 빌 니만이 패서디나 역까지 데려다 주는 도중에 우리는 도슨에게 작별 인사를 하기 위해 네비게이토 선교회 사무실에 잠깐 들르게 되었습니다. 그때 나의 솔직한 심정은 통증 때문에 차에서 내리기조차 싫었습니다.

나는 아주 느린 걸음으로 그의 사무실에 들어갔습니다. '캠, 왜 그런가? 자넨 마치 다 늙은 사람처럼 걷고 있지 않나?'라고 말하면서 도슨은 나를 끌어안고 힘껏 잡아 당겼습니다. 그때 무슨 일이 일어났는지 아십니까? 뭔가 허리에서 뚝 하는 소리가 나는 것 같더니 갑자기 통증이 사라져 버린 것입니다. 도슨은 무슨 일이든 언제나 열정적으로 임했던 사람입니다. 그는 세계 곳곳의 기독교 단체나 여러 지역교회를 다니면서 그들을 힘껏 껴안아 주었기 때문에 그들을 괴롭히던 통증이 가서 버린 경우가 많았습니다."

도슨의 이러한 박력 있는 태도에 대해 휴버트 미첼은 다음과 같이 말했습니다. "도슨은 투지가 넘치고 열정적인 그리스도인이었습니다. 그의 남자다운 기백은 나를 매료시켰습니다. 그는 진리의 말씀을 믿고 그대로 살 뿐 아니라 이를 위해서는 목숨까지 바칠 각오가 되어 있었기 때문에 그의 가르침에는 언제나 힘이 넘쳤습니다. 도슨은 교회사나 신학, 헬라어, 히브리어 등을 정식으로 공부한 적도 없었으나, 하나님과의 직접적이고 실제적인 교제를 통해 그의 믿음을 키워 갔고, 이것이 바로 그가 쓰임을 받게 된 이유이기도 합니다."

그의 삶의 비결은 하나님을 향한 불타는 마음과 그리스도를 알고자 하는 강렬한 열망에 있었습니다. 이러한 각오와 강한 동기력은 그가 하나님의 말씀을 얼마나 열심히 암송했는가를 보더라도 알 수 있습니다. "나는 하루 한 구절 암송을 목표로 해서 천 날 동안 천 구절을 외웠습니다. 나에게 100% 달성을 위한 강한 열망이 없었다면 결코 이 일을 해낼 수 없었을 것입니다. 그리스도를 증거하는 일도 마찬가지입니다. 사역을 처음 시작하던 당시 우리의 목표는 하루에 한 영혼을 만나고, 하루 한 구절씩 암송하며, 하루 한 시간씩 개인적으로 경건의 시간을 갖는 것이었습니다. 이것들 가운데 하나라도 하지 않고 그냥 넘어가기보다는 어떻게 해서든 꼭 그 목표를 이루어 내고야 말았습니다. 인간은 원래 게으른 존재입니다. 그렇지만 주님께서는 우리의 약점을 잘 아시기 때문에 우리에게 지혜를 주셔서 우리로 주님의 명령을 수행하지 못하도록 방해하는 적의 장애물들을 극복할 수 있도록 해주셨습니다."

'주님의 명령을 수행하는 것'이 하나님의 종 도슨 트로트맨의 사명이었습니다.

1906년	3월 25일 애리조나 주 비스비에서 태어남
1926년	캘리포니아 로미타에서 주님을 영접하고 영적 항해를 위한 닻을 올림
1932년	라일라 클레이턴과 결혼

1933년　　　'그리스도를 알고 그를 알게 하라'는 모토와 함께 네비게이토 선교 사역을 공식적으로 시작함
1956년　　　6월 18일 뉴욕의 슈룬 호수에서 한 생명을 구하고 죽음

1
새 포도주

보라. 내가 새 일을 행하리니 이제 나타낼 것이라.
너희가 그것을 알지 못하겠느냐?
정녕히 내가 광야에 길과 사막에 강을 내리니.
이사야 43:19

도슨이 살았던 1906년부터 1956년까지의 50년간은 유달리 숨 가쁘게 질주하던 성장의 반세기였습니다.

그러나 이 시기의 중반에 미국은 침체의 늪에 빠져 허덕이며 세계정세에 휘말려 무엇을 어떻게 해야 할지 모르고 있었습니다. 1941년 12월 7일 일본의 폭격에 분노한 미국은 제2차 세계 대전에 참전, 4년 후에 전승국의 하나가 되었습니다. 한편 경제 공황과 제2차 세계 대전의 가혹한 시련을 통해 귀중한 교훈을 얻은 미국과 서방 세계는 인도주의의 큰 두 개념 즉 자유와 풍요의 씨앗을 뿌리기 시작했습니다. 서방 정부들은 가난 속에는 결코 진정한 자유가 깃들 수 없다는 것을 깊이 인식하고 자유세계에서는 어느 누구도 빈곤에 처하게 해서는 안 된다고 믿었습니다.

이러한 절망과 혼돈 상태 속에서 도슨 트로트맨과 라일라 클레이턴은 1932년 사우스로미타 성서 교회에서 결혼식을 올렸습니다. 1920년대 당시만 해도 낙천적이던 미국 국민들은 불가항력적인 역사의 흐름에 그만 체념한 듯이 보였습니다.

국가적 위기

1930년대와 1940년대의 미국 국민들을 무겁게 짓누르던 세 가지 요소는 다음과 같습니다. 첫째로, 1929년의 월스트리트 재정

붕괴는 미국인들을 정치적, 경제적 위기로 몰아넣었고 전 국민을 침체의 늪으로 몰고 갔습니다. 둘째, 미국의 프랭클린 루즈벨트 대통령이 대공황 속에서 나라를 구하려 몸부림치고 있는데, 독일과 일본이 전쟁을 일으킴으로써 미국은 물론 전 세계에 걷잡을 수 없는 정치적 불안과 동요를 가져다주었습니다. 그 당시 루즈벨트 대통령은 오늘날까지도 찬반양론이 엇갈리고 있는 '뉴딜 정책'의 일환으로 노동조합, 정부 기관, 국방 문제 등에 관한 새로운 정책을 펴나가고 있었습니다.

마지막 세 번째는 신학적인 혼란이었습니다. 그 당시 주요 교파들의 선교 방법은 고도로 제도화되어 있어 정체 상태에 머물러 있었습니다. 기독교의 '근본 원리'와 정통으로 돌아가야 한다고 주장하던 근본주의자들이 교회 설립과 청년 선교, 해외 선교에 앞장서기 시작했습니다. 당시 '현대주의자들'은 복음의 적으로 간주되었습니다. 미 헌법 제18조의 수정으로 금주법이 시행됨으로써 음주 행각들에 대해서는 부정적인 풍조가 일었으나, 제도화된 교회에서는 국내외의 영적 필요에 대해 무관심과 냉담한 반응을 보이고 있었습니다.

그러나 냉담한 '제도' 아래서도 하나님께서는 새로운 방법으로 역사하셨습니다. 교회의 낡은 가죽 부대는 영적인 새 포도주를 담을 수 없었기에 새로운 사역과 전략이 싹트기 시작한 것입니다. 성경학교 운동, 독립 해외선교 협회, 독립 신학교, 독립 성서교회 등이 꽃을 피우기 시작했습니다. 거의 모든 운동들이 독립적으로 추진되었습니다. 실직과 식량난, 사회 구조의 붕괴 등으로 인하여 주요 도시에 '빈민굴'들이 생겨나기 시작했습니다. 하지만 대연합 구조 선교 운동이 펼쳐져서 그러한 '버림받은 자들'에게 손을 뻗쳤습니다.

그 당시 10년은 교계 분위기가 '분열'로 특징지어진 시기였습니다. 개신교는 신학적 혼돈의 와중에 빠져 허우적거렸습니다.

그 위대한 미국의 문화는 경제 위기, 정치적 동요, 신학적 혼란으로 말미암아, 연료가 떨어지고 타이어에 펑크가 난 낡은 자동차와도 같이 철저한 정비를 하지 않으면 안 되었습니다.

영적인 각성

그러나 이러한 와중에서도 새로운 기운이 꿈틀거리고 있었습니다. 극심한 재정난과 제2차 세계 대전이 사람들로 하여금 그들의 기본적인 가치관을 재평가할 계기를 마련해 주었던 것입니다.

1926년에서 1946년까지 20년 동안 교회는 마치 극심한 재앙을 만난 듯하였으나, 하나님께서는 드러나지 않게 역사하고 계셨습니다. 즉 다음 반세기 동안 주님의 새로운 계획을 실천할 일꾼들을 그 20년 동안에 준비하셨던 것입니다.

이렇듯 보이지 않는 주님의 역사가 꼭 이례적인 것만은 아니었습니다. 한 나라가 암흑의 시기에 처해질 때마다 하나님께서는 일꾼들을 선택하여 주님의 새로운 도구로 준비시키신 적이 자주 있었습니다. 유럽에서도 암흑시대에 새 빛, 새 일꾼들을 통하여 경직된 교회의 안팎에서 개혁을 단행하셨습니다. 역사를 통해서 볼 때 하나님께서는 어떤 조직이나 기관보다는 사람을 택하셔서 그를 사용해 오셨습니다. 당시 나라 안의 정치, 경제, 그리고 종교계의 거목들이 쓰러져 가고 있었지만, 오히려 주님께서는 은밀한 곳에서 젊은 청년들로 이루어진 숲을 키우고 계셨던 것입니다.

하늘의 원예가이신 주님께서는 전국 방방곡곡에 어린 싹들을 키우고 계셨는데 도슨 트로트맨도 남부 캘리포니아의 한 새싹으로 자라고 있었습니다. 스테이시 우즈는, 대학생을 대상으로 한 전도 및 제자 훈련 사역으로 전 세계에 영향을 미치게 될 기독학생회(IVF)의 미국 지부 결성을 서두르고 있었습니다. 짐 레이번은 텍사스의 댈러스에서 고등학생 대상의 영라이프 캠페인(Young Life Campaign)의 지도자 훈련을 받고 있었습니다. 노스캐롤라이나 농장 출신인 빌리 그래함은 목사로서 그리고 위대한 전도자로서의 길에 들어섰습니다. 중부 오클라호마 농장 출신 빌 브라이트도 대학생 선교회(CCC)를 로스앤젤레스의 UCLA에서 처음으로 조직하여 세계 선교의 발판을 마련했습니다. 그 당시 하나님께서 키우시던 또 다른 재목들은 딕과 돈 힐리스, 토리 존슨, 클리프 배로우, V. R. 에드먼, 데이브 모컨, 휴버트 미첼, 찰스 풀러, 봅 피어스, 헨리에타 미어스, 잭 위첸, 봅 에반스, 디어도어 엡, 루이스 탈봇, 그 밖에 수백 명의 목사, 교사, 교회 지도자들과 선교사들입니다.

이들 중 상당수가 도슨 트로트맨의 가까운 친구들입니다. 그들은 모두 에스겔 22:30에서 말씀하신 '무너진 데를 막아설' 그러한 하나님의 종들이었습니다. "이 땅을 위하여 성을 쌓으며 성 무너진 데를 막아서서 나로 멸하지 못하게 할 사람을 내가 그 가운데서 찾다가 얻지 못한 고로."

에스겔 22:23-29에 나오는 B.C. 600년경의 상황은 당시 도슨 트로트맨이 살던 시대와 흡사했습니다. 선지자나 제사장, 왕과 백성들 모두가 마치 닻을 잃고 정박지를 떠나 표류하는 배들과 같았습니다. 정말이지 하나님을 향한 열정을 가진 자는 찾아보기 힘들었습니다. 그러나 당시 이스라엘 백성들 가운데서 에스겔을 '막아설' 사람으로 키우셨던 것처럼 하나님께서는 20세기 초 영어 문화권 속에서도 소수의 사람들을 '성을 쌓으며 성 무너진 데를 막아설'

자들로 준비시키고 계셨습니다. 이들은 서로 조직적으로 연결되어 있었다거나, 친분 관계가 있었다거나, 교파가 같았던 것도 아니었습니다. 그러나 그들은 모두 복음적인 그리스도인들로서 하나님을 위한 헌신된 팀의 구성원들이었던 것입니다. 그들은 C. T. 스터드의 말처럼 "만약 예수 그리스도가 하나님이시고 나를 위해 죽으셨다면 내가 그분을 위해 치르는 희생은 아무것도 아니다"라는 희생적인 태도로 주님을 위해 살았습니다.

2

질그릇

나뉜 마음에 온전한 만족이 찾아올 수 없습니다.
여러 가지 잡다한 관심을 소유한 자는 어느 것도 이룰 수 없습니다.
누구든지 어떤 일을 이루려 한다면
그는 그 일을 위해 전 시간을 드리고 전 마음을 드려야 합니다…
하나님께 쓰임받고자 하는 사람에게는
이 원리가 더욱더 절실하게 요구됩니다.
주님의 일만이 그의 관심의 전부가 되어야 하며
다른 것들에 마음을 조금이라도 주어서는 아니 됩니다.

오스왈드 스미스

도슨 트로트맨에게서 풍기는 이미지는 전통적인 '교인'과는 전혀 달랐습니다. 그는 자연스러웠고 장난을 즐겼으며 인습에 얽매이지를 않았습니다. 그는 신학교 출신도 아니었고 공식적인 직함도 없었으며 이렇다 할 설교술도 없었습니다. 그렇지만 그는 모든 일에 어떤 편견이나 선입관을 가지지 않고 실제적으로 접근했습니다.

그에게 있어서는 단지 지금까지 그렇게 해왔기에 그런 방법으로 해야 한다는 이론은 통하지 않았습니다. 그것이 그로 하여금 창조적이고 개척자적인 삶을 살게 해준 이유이기도 할 것입니다. 그는 기존 관례를 따라 행동하는 사람이 아니었으며, 자신의 행동 방향이 전통주의자들의 인정을 받지 못한다 할지라도 두려워하지 않았습니다. 그는 어떤 문제든 일단 그 문제의 참된 본질을 파악하기만 하면 기도와 연구를 통해 그 해결책을 찾아내는 데 전력투구했습니다.

도슨은 천성적으로 열정적인 사람이었습니다. "그것은 할 수 없어"라는 말을 들으면 더욱 적극적으로 나서서 그 일이 이루어질 수 있다는 것을 입증하고야 마는 성격이었습니다. 선교사 파송 계획에 참여해서든, 빌리 그래함 전도단의 대규모 전도 집회를 돕는 일에서든, 혹은 네비게이토 선교회 본부 건물을 개조하는 일에서든, 그는 어느 경우에나 그 자신과 동역자들의 모든 힘과 자원을 총동원하여 그 일들을 이루어 내곤 하였습니다. 그는 어떤 일이든 하다가 중도에 그만두는 법이 없었습니다. 또한 창조적이었고 어떤 어려운 상황이 발생하면 즉각 그 원인을 파악하여 종종 단순하고도 직선적인 해결책을 쓰곤 했습니다. 그는 문제의 매듭을 풀 수 없으면 칼로 잘라서라도 해결하는 식이었습니다!

그러한 접근 방법은 기성 교회들의 반발을 사는 경우가 종종 있었습니다. 도슨은 일단 그들의 말을 경청하고, 자신의 방법을 바꾸기도 했습니다. 그러나 그의 확신이 분명하거나 비판하는 사람들이 잘못 알고 있는 경우에는 먼저 그들을 납득시키려고 노력하지만, 실패하면 어떤 비난도 불사하고 자신의 확신대로 밀고 나갔습니다.

영국의 리처드 프로드 목사는 그의 가까운 친구였던 토머스 카알라일에게 쓴 편지에서 끊임없이 흠잡으려는 비난자들에 대하여 다음과 같이 말했습니다.

> 산 주위에는 언제나 비난의 안개가 드리워집니다. 만약 그런 안개를 원치 않는다면 평지나 사막으로 만족해야 합니다. 산을 덮고 있던 안개가 아침 햇살 속으로 사라져 버림과 동시에 이내 산은 그 웅장한 자태를 드러냅니다. 그러나 정상을 향한 열망이 없기 때문에 대부분의 사람들은 그만 골짜기에 주저앉아 버리고 맙니다.

도슨은 '산'과 같은 사람으로서 사역의 여명기에는 비난의 안개가 늘 그를 따라다녔습니다. 그러나 그의 말년에는 많은 기독교 지도자들의 인정과 밝은 햇빛 속에 우뚝 솟은 존재가 되었습니다.

하나님의 약속에 모험을 건 사람

도슨에게 진리는 냉장고에 저장해 둘 성질의 것이 아니었습니다. 그는 성경의 진리는 매일의 삶 가운데 적용해야 한다고 믿었습니다. 그는, 기독교가 사람으로 이 세상에 사셨던 한 분 예수 그리스도에 의해 터가 닦여진 것이므로, 그분을 따르는 우리들도 그분의 진리를 우리의 구체적인 삶 가운데 실제적으로 적용시킬 수 있다고 확신하고 있었습니다.

도슨은 낙천적인 기질의 소유자였습니다. 그는 늘 성경의 약속들을 주장하며 살았기 때문에 건전한 자아상을 가질 수 있었습니다. 그는 자신의 약점과 한계에도 불구하고 아브라함, 이삭, 그리고 야곱의 하나님께서 성경에서 보여 주신 약속을 신실히 성취하실 것에 대해 깊은 확신을 가지고 있었습니다. 그는 언제나 확신에 찬 삶을 살았던 사람입니다. 그러나 그의 확신은 하나님께 근거를 두고 있었기에 그의 삶은 또한 겸손의 향기를 발산했습니다.

어느 교계 지도자는 그를 다음과 같이 평했습니다. "도슨은 우리들 각자가 지닌 모험적인 기질에 호소하여 우리로 하여금 평범하고 타성에 젖은 그리스도인의 삶의 수준을 탈피할 것을 도전했습니다. 그는 우리 안에 내재해 있는 최선의 것을 이끌어 내는 능력을 가지고 있었습니다. 그의 이러한 자질은 그로 하여금 무엇을 하든지 탁월하게 하고자 하는 태도를 갖게 하였습니다. 나는 그가 축구를 하든지, 성경암송을 하든지, 설교를 하든지, 다른 사람들에게 그리스도를 따르도록 동기를 불러일으키든지, 무슨 일에나 적당히 하는 것을 보지 못했습니다."

장난을 즐긴 사람

도슨은 유머 감각이 뛰어났습니다. 그는 서먹서먹한 사람들에게 장난을 걸어 자연스럽게 친해지도록 해주었습니다. 예를 들어, 그의 가족이 남부 패서디나의 몬테리가 509번지에서 살고 있었을 때입니다. 몇몇 손님들과 함께 식사를 하면서 식탁에서 이야기를 나누는 중에 벨소리가 들려오는 경우가 있었습니다. 그러면, 도슨은 그의 집에 처음 온 한 사람에게, "찰리, 미안하지만, 밖에 누가 왔는지 한번 나가 보겠소?" 하고 부탁합니다. 뜻하지 않은 부탁에 놀라며 찰리는 예의를 갖추어 자리에서 일어나 나가 보지만 밖에는 아무도 없습니다. 그래서 그는 그냥 돌아와 자리에 앉으려고 하는데 또다시 벨소리가 들려옵니다. 도슨은 그에게 혹시 뒷문에 우편배달부가 왔는가 보라고 합니다. 찰리가 부엌을 통해 뒷문으로 나가 보지만 이번에도 역시 아무도 없습니다. 찰리가 이상하다는 듯한 표정으로 다시 돌아오면 방안에서는 폭소가 터집니다. 그때서야 도슨은 찰리에게 식탁 밑에 숨겨 놓은 벨 버튼을 꺼내 보여 주는 것이었습니다.

그의 장난은 많은 사람들의 '긴장'을 풀어 주었으나 때때로 지나치지 않느냐는 핀잔을 받기도 했습니다. 이를테면 그는 옷깃에 한 송이 꽃을 꽂고 자랑하다가 눈치도 없이 '향기를 맡기 위해' 몸을 구부리는 상대방의 얼굴에 꽃 속에 숨겨 놓은 물을 뿜어 대기도 했습니다. 또 우산을 펴 드는 순간 터지도록 우산 꼭대기에 폭죽 장치를 해서 사람들을 놀라게 하기도 했습니다. 이러한 장난들로 말미암아 상대방이 침착성을 잃어버리고 잠시나마 '당황해하는' 경우가 여러 번 연출되었습니다.

도슨은 또한 농담도 잘했는데, 그러나 과거에 한 번 써먹은 이야기를 다시 하는 일은 드물었습니다. 그는 또한 다른 사람의 농담을 잘 받기도 했지만 그보다는 자신이 먼저 잘 거는 편이었습니다.

자연스럽게 농담을 즐기는 것이 그의 삶의 방식이었습니다. 그는 악의 없는 농담으로 사람들을 놀리기를 좋아했습니다. 전국 전도 협회 대표였던 클라이드 테일러가 들려준 간단한 일화는 도슨의 익살스러운 일면을 잘 보여 주고 있습니다. "브라질에서 있었던 일로 기억되는데 도슨과 함께 야간에 여행을 하게 되었습니다. 그때 우리는 새벽 한 시쯤 호텔에 도착하여 약 4시간 정도 수면을 취한 후 호텔 교환수의 도움으로 6시에 일어났습니다. 그리고 우리는 그 호텔로부터 멀리 떨어진 곳에서 열리기로 되어 있는 그 지역 선교사들의 아침 모임에 참석하기 위해서 부지런히 서둘러야 했습니다.

우리는 함께 간단히 기도를 마치고 혼잡한 길을 달리는 차 안에서 도슨이 암송한 말씀 몇 구절 나눈 것이 우리가 그날 가진 경건의 시간의 전부였습니다. 그날 아침 말씀을 전할 때 도슨이 어떻게 했는지 아십니까? 그는 우리가 어떻게 하면 예외 없이 경건의 시간을 가질 수 있는지에 대해 설명하면서 나를 예로 드는 것이었습니다! 그는 모든 사람들 앞에서 나를 향해, '클라이드 형제님! 오늘 아침 경건의 시간을 얼마나 가졌습니까?'라고 질문했습니다. 나는 속으로 생각했습니다. '아니, 이 짓궂은 친구 보게. 내가 경건의 시간을 얼마나 가졌는지는 자기도 잘 알고 있으면서… 우리는 둘 다 지난 밤 녹초가 되어 쓰러졌다가 오늘 아침에는 그나 나나 경건의 시간이라고는 사실상 갖지 못했지 않은가!'

'그건 나에게 물어볼 필요조차 없을 것 같은데요, 도슨 형제님!

오늘 아침 나는 당신과 똑같은 시간을 주님과 함께 보내지 않았습니까?'

도슨은 내 얼굴을 똑바로 바라보면서 마치 '조금만 기다리게, 클라이드. 다음에 두고 보세!'라고 말하기라도 하듯 미소를 띤 채 고개를 끄덕였습니다. 도슨과 같이 다니려면 언제나 그의 짓궂음에 익숙해져야 합니다. 도슨에게는 그러한 농담의 결과가 상대에게 유리하냐 불리하냐는 별로 문제가 되지 않았습니다. 아마도 유리한 경우라면 그렇게 질문하지도 않았을 것입니다."

온유한 훈련가

도슨은 삶을 즐겼던 사람인 동시에 창조적이면서도 자기 훈련이 잘된 사람이었습니다. 어느 네비게이토 선교회 간사가 다음과 같은 아름다운 추억을 술회한 적이 있습니다. "도슨은 항상 바삐 움직였습니다. 무척 빨리 걸어 다녔다는 의미입니다. 그는 일에 열중하고 또 바삐 움직였지만, 결코 너무 바쁜 나머지 상대방을 소홀히 하고 있다는 인상을 준 적이 없습니다. 그는 나와 함께 있을 때에도 그 시간을 무척 즐겼습니다. 사명을 이루기 위해 늘 바쁘게 살았지만, 그는 사람에 대한 순수한 관심을 결코 잃지 않았습니다. 말하자면 그는 '왕의 일에 바삐 움직였으나 결코 왕의 백성들을 소홀히 할 만큼 바쁘진 않았다'라는 표현이 가장 적합할 것입니다."

그러나 그의 특이한 점은 이것만이 아니었습니다. 특히 그는 자기와 가까운 사람들을 자기 '패거리'라고 부르기를 좋아할 정도로 거칠었습니다. 그는 진실된 믿음이 없는 사람들이나 두 마음으로 하나님을 섬기고 있다고 생각되는 사람들에게는 가혹하리만큼 엄했습니다. 그래서 많은 사람들이 그를 단지 철저하게 훈련을 시켰던 사람으로 보지만, 그는 어디까지나 인자한 아버지요 부드러운 마음을 가진 일꾼이었습니다. 강단에 섰을 때는 사람들을 잘 칭찬해 주었지만, 개인적으로는 각 사람의 문제를 가차 없이 지적해 고쳐 주었습니다.

어느 간사의 경우 도슨으로부터 심한 경책을 받고 처음에는 회복하기가 매우 어려웠었는데 나중에 도슨이 자신의 문제를 올바로 볼 수 있도록 도와주었다고 회상했습니다. "다음에 만나자 도슨은 나에게 같이 산책을 하자고 했습니다. 나는 산책하면서 그가 해준 격려의 말을 듣고 눈물을 흘렸던 기억을 지금도 잊을 수 없습니다. '다른 사람들이 혹시 자네에 대한 나의 경책에 대해 이러쿵저러쿵 말할는지 모르나 결코 그런 말을 믿지 말게. 나는 무슨 말이든 자네에게 할 말이 있을 땐 자네에게 직접 하도록 하겠네. 그렇게만 한다면 결코 사탄이 우리 사이를 갈라놓지 못할 걸세.' 악수를 하고 헤어진 후 여러 해를 지내 오면서 그때의 경험은 진정으로 '그리스도를 알고 그를 알게 하라'는 우리의 목표를 벗어나게 하는 당 짓기, 시기, 적의 등의 문제를 극복하는 데 큰 도움을 주고 있습니다."

도슨은 모든 영적 은사를 다 소유한 자도 아니요 완전한 사람도 아니었습니다. 그 자신이 말하기를, "우리는 아마도 온갖 종류의 실수를 적어도 한 번 이상은 범했을 것입니다"라고 했습니다. 그러한 실수들은 지식 없는 열정에서 비롯된 것들인데, 그런 무지는 바로 경험이 없는 데서부터 나온 것이었습니다. 행정은 도슨의 강점이 아니었습니다. 그는 개척자였으며 탐험가였고 제자의 도에 새로운 장을 연 선구자였던 것입니다.

이 단순한 사실이 도슨의 약점을 어느 정도 설명해 줍니다. 20세기의 교회는 그를 명석한 전략가로 알고 있지만, 그의 팀 네비게이토 안에서의 그는 실망하고 좌절하는 회장으로 다른 사람들의 눈에 비치는 경우가 많았습니다. 왜냐하면 그는 완전주의자여서 다른 사람들이 어설프게 해놓은 일들을 보고는 그냥 참고 넘기지 못했기 때문입니다. 이처럼 온전히 책임을 맡기지 못하는 그의 성격은 그에게 있어 육체의 가시와도 같은 것이 되었습니다.

도슨은 '특출한 영적 거인'이라기보다는 오히려 하나님을 찾는 개척자며 탐험가요, 또한 모사였습니다. 그는 다른 사람과 똑같이 흙으로 빚어진 질그릇임을 스스로 인정하곤 했습니다. 그는 자신에 대해 이야기할 때 자주 고린도후서 4:7 말씀을 인용했습니다. "우리가 이 보배를 질그릇에 가졌으니 이는 능력의 심히 큰 것이 하나님께 있고 우리에게 있지 아니함을 알게 하려 함이라." 이처럼 도슨은 자신을 평범한 질그릇이요, 부서지기 쉬운 그릇으로 여겼습니다.

기초를 쌓는 자

도슨에게 일생의 약속의 말씀을 하나만 들라고 했다면, 그는 아마도 이사야 58:12을 들었을 것입니다. "네게서 날 자들이 오래 황폐된 곳들을 다시 세울 것이며, 너는 역대의 파괴된 기초를 쌓으리니, 너를 일컬어 무너진 데를 수보하는 자라 할 것이며, 길을 수축하여 거할 곳이 되게 하는 자라 하리라."

도슨의 마음속에는 이 성경 말씀에서 이야기하고 있는 것처럼 기초를 쌓고 집을 지어 황폐된 성읍을 다시 일으켜 세우는 공사 광경이 언제나 떠나질 않았습니다. 그는 자신의 사역을 건축자와 수보하는 자의 역사에 비유했습니다. 그와 그의 무리들은 뒤에서 일하는 것으로 크게 만족해했습니다. 그는 고린도전서 3:9-10에 나오는 사도 바울과 자신을 동일시했습니다. "우리는 하나님의 동역자들이요, 너희는 하나님의 밭이요, 하나님의 집이니라. 내게 주신 하나님의 은혜를 따라 내가 지혜로운 건축자와 같이 터를 닦아 두매 다른 이가 그 위에 세우나, 그러나 각각 어떻게 그 위에 세우기를 조심할지니라." 그의 사명과 임무는 전적으로 '많은 영적 세대의 기초'를 쌓는 것, 즉 영적 재생산의 터를 닦을 사람들을 길러 내는 것이었습니다.

정원사

도슨은 또한 자신을 창조주 하나님을 위하여 묘목을 심고, 돌보고, 전지하는 정원사라고 생각했습니다. 한번은 캘리포니아에서 개최된 네비게이토 간사 수양회에서 그는 독창적이고 소박한 태도로 다음과 같은 실제적인 비유를 들어 이야기한 적이 있습니다. "모든 나무의 생명은 꽃 속에 있는 씨로부터 시작됩니다. 씨앗이 자라서 나무가 되기 때문입니다. 씨 속에 내재된 나무의 생명력은 아주 미약해 보이지만, 그 안에는 나무에 필요한 뿌리, 줄기, 잎 등의 기본 요소들이 다 들어 있습니다. 나무는 살아 있는 한, 계속해서 성장하게 되어 있습니다.… 동물은 계속해서 자라지는 않습니다. 인간도 마찬가지입니다. 그러나 나무는 계속해서 자라도록 하는 것이 하나님의 계획이었습니다. 이것이 내가 이사야 61:3 말씀을 좋아하는 이유입니다. '그들로 의의 나무 곧 여호와의 심으신 바 그 영광을 나타낼 자라 일컬음을 얻게 하려 하심이니라.' 우리는 모두 하나님의 나무들입니다. 신체적으로는 언젠가 성장을 멈추게 되지만, 영적으로는, 주님으로부터 심겨진 씨앗의 생명은 우리가 죽을 때까지 결코 성장을 멈추지 않습니다.

여러분은 어떤 나무가 되시겠습니까? 열매 없는 나무입니까? 아니면 열매를 주렁주렁 맺어 전국의 과수원으로 퍼져 나갈 뿐 아니라, 그 열매가 나중에는 배를 타고 바다 건너까지 수출될 수 있는 나무가 되어 주님을 영화롭게 해드리시겠습니까?"

열정의 사람

도슨의 설교는 무척 감동적이었습니다. 간혹 여러 예화와 비유들을 가지고 '토끼몰이'를 할 때도 있으나 결코 핵심에서 벗어나는 법이 없었습니다. 설교를 마칠 때쯤이면 듣던 사람들은 마치 누가복음 24:32에 나오는 제자들과 같은 경험을 하게 됩니다. "저희가 서로 말하되, 길에서 우리에게 말씀하시고 우리에게 성경을 풀어 주실 때에 우리 속에서 마음이 뜨겁지 아니하더냐?"

도슨 트로트맨은 결코 대중의 인기를 구하거나 단체의 명예를 구한 적이 없으며 오로지 전심으로 주님을 구했습니다. 그는 자주, "네가 너를 위하여 대사를 경영하느냐? 그것을 경영하지 말라"는 예레미야 45:5 말씀을 인용하면서 "여러분이 여러분을 위하여 대사를 경영합니까? 그것을 경영하지 마십시오"라고 도전하곤 했습니다.

그는 개별적으로뿐만 아니라 무리를 상대로 해서도 그들의 필요를 채워 주었습니다. 수양회에서, 신학교나 일반 대학에서, 강단에 설 때면 도슨은 세계 비전에 불타는 마음으로 사람들에게 말씀을 전했습니다. 또 강단에서 내려와서는 식당, 산 계곡, 냇가, 현관 앞 잔디 등 어디를 가리지 않고 한 사람 한 사람에게 개별적으로 그의 진실된 관심과 사랑을 보여 주었습니다.

3

꺼질 줄 모르는 열정

당신은 내가 왜 그리스도인들에게 종종 "당신이 이번 주 동안
하나님께 구한 것 중 가장 큰 것이 무엇입니까?"라고 묻는지 아십니까?
나는 진정 그들에게 일깨워 주기를 원합니다. 그들의 기도는 바로
온 우주 만물의 창조주시고 우리의 아버지이신 하나님께 드리고 있다는 것을.
그분은 홀로 그분의 손 안에 세계를 붙들고 계시는 분입니다.
그런데 당신은 무엇을 구했습니까? 땅콩을? 장난감을?
장신구를 달라고 구했습니까? 아니면 당신은 대륙을 구했습니까?
젊은이들이여, 그것은 진정 비극이라고 말하고 싶습니다!
전능하신 하나님께 그렇게 하찮은 것들을 구하다니요.
물론 하나님께 구하기에 너무나 하찮은 것이란 없습니다.
그러나 또한 하나님께 구하기에 너무나 큰 것도 없습니다.
이제 우리, 크신 하나님께 좀 더 큰 것을 구하도록 합시다.
"너는 내게 부르짖으라. 내가 네게 응답하겠고
네가 알지 못하는 크고 비밀한 일을 네게 보이리라."

도슨 트로트맨

1926년 그리스도를 영접한 이후, 그는 하나님을 알고자 하는 열망에 사로잡혔습니다. 그러한 열망은 여러 믿음의 사람들과 기관들의 도움에 의해서 채워졌습니다. 무엇보다도 그의 고향 교회의 영향이 컸는데, 목사님과, 도슨의 고등학교 선생님이자 주일학교 교사였던 밀스 선생님과 토머스 선생님, 그리고 그의 어머니의 '도슨의 구원을 위한 끊임없는 기도'가 뒷받침이 되어 주었습니다. 도슨은 어부클럽, 바이올라(로스앤젤레스 성경학교), CE(Christian Endeavor, 기독면려회) 등에서 자주 간증을 나누곤 했습니다. 다행히도 그의 주위엔 그로 하여금 하나님께 가까이 나갈 수 있도록 도와준 경건한 믿음의 선배들이 많이 있었습니다.

그러나 도슨에게 가장 중요한 영향을 미쳤던 것은 구주 예수 그리스도와 개인적으로 만났던 시간들이었습니다. 겉으로는 강하고 자신만만해 보였지만, 내면적으로는 전적으로 하나님만을 의뢰했던 것이 이것을 증명해 줍니다. 그는 성경공부와 기도, 암송, 그리고 주옥같은 진리들을 체계적으로 연구하여 "지극히 거룩한 믿음 위에 자기를 건축하는"(유다서 1:20) 일에 많은 시간을 들였습니다.

하나님에 대한 도슨의 믿음은 참으로 놀라운 것이었습니다. 그는 하나님의 위대하심, 거룩하심, 전능하심, 절대주권, 은혜, 사랑

속에 젖어 살았습니다. 그는 창조의 하나님을 발견하기 위해 창세기 1장부터 3장까지 많은 시간을 묵상하였습니다. 또한 창세기 12장을 공부하며 히브리 민족의 조상 아브라함이 어떻게 여호와 하나님에 대한 믿음을 갖게 되었는지를 연구했습니다. 그리고 대선지자들의 예언서에 많은 시간을 들여 그들이 어떻게 미래를 예언했으며 그 당시 시대 사람들에게 무엇을 말했는지를 고찰했습니다. 그는 4복음서의 메시지를 사랑했습니다.

그의 하나님은 참으로 크신 하나님이었습니다! 당시 도슨과 같이 일했던 한 선교사는 "도슨의 매력적인 삶과 실제로 하나님과 동행하는 방법, 그의 믿음, 하나님께로부터 즉각적인 기도 응답을 받는 것 등이 나에게는 큰 감명을 주었습니다. 그는 참으로 하나님을 가까이했던 사람으로서, 하나님께서는 자신을 그에게 분명히 나타내 주셨습니다. 비록 그의 체구는 작았을지 모르지만, 하나님께서 함께하시는 그는 대단히 큰 인물이었습니다"라고 말했습니다.

도슨은 겸손과 충성이 하나님을 아는 필수 요소라고 믿었습니다. 캘리포니아 산타크루즈 가까이에 있는 유명한 기독교 수양관인 헐몬산 수양관에서 개최된 네비게이토 수양회에서 그는 다음과 같이 말했습니다.

"하나님을 위해 뭔가를 해냈던 위대한 사람들은 똑똑하거나 훌륭한 교육을 받은 사람들이 아니요, 충성된 사람들이었습니다. 그들은 얼굴을 부싯돌처럼 굳게 하여 담대하며 하나님께서 자기보다 더 크신 분임을 굳게 믿는 자들입니다. 하나님께서는 그러한 사람들에게 하신 약속이나 그들을 통해서 이루시고자 하는 바를 모두 이루실 수 있습니다. 그러한 사람들은 지극히 사소한 일에서까지 하나님께 순종하고 또한 하나님께서 기뻐하시는 일이라면 무엇이든지 하시도록 자신을 내드립니다. 아마도 하나님께서는 지금 이 순간 여러분 중의 누구에겐가 이렇게 자기를 따르라고 말씀하고 계실 것입니다. 여기에 나이가 예순을 넘어선 사람이 있습니까? 하나님께서 '쓰시고자 하는 사람들'의 목록에서 당신의 이름을 지웠다고 생각하십니까? 그런 분에게 희소식이 있습니다. 어부 클럽과 로스앤젤레스 성경학교를 시작했던 사람의 그 당시 나이가 바로 60세였습니다. 그가 로스앤젤레스에서 온 6명의 젊은이들과 함께 가졌던 기도 모임으로부터 그 클럽과 학교가 문을 열게 되었던 것입니다. 하나님께서는 당신을 사용하실 수 있습니다. 또한 당신을 사용하시기를 원하십니다.

하나님을 섬기는 일에 대해 이야기를 나눌 때마다 자주 '그렇지만, 도슨 형제님, 나는 너무 약점이 많고 부족합니다'라는 말을 듣습니다. 그 사람에게 나는 '당신이 기도하고 믿기만 하면 반드시 하나님께 쓰임받는 도구가 될 수 있습니다!'라고 대답합니다.

여러분의 문제는 무엇입니까? 하나님께서는 사람들의 모든 문제에 대한 해답을 가지고 계십니다. 모든 문제를 주님께 맡기십시오. 그리고 오늘밤에 주님의 크심을 의뢰하고 자원하는 마음으로 주님께서 주신 위대한 사명을 이루는 일에 자신을 드리겠다고 주님께 말씀드리십시오. 주님께서는 반드시 그것을 이루실 것입니다."

기도의 사람

당시 도슨은 수건을 벗은 얼굴로 보는 것처럼 분명하게 기도의 능력을 체험해 가고 있었습니다. 말년에 그는 젊은이들로부터 얼마나 많은 시간을 주님께 기도하는 일에 보냈느냐는 질문을 종종 받곤 했습니다. 그때마다 그는 이렇게 대답했습니다. "시간의 길이가 하나님의 응답 여부를 결정짓는다고는 생각지 않습니다. 그러나 기도하고 구할 때 얼마나 견고한 믿음을 갖고 있느냐 하는 것과는 직접적인 연관이 있다고 확신합니다. 나는 하나님께서 그저 손쉬운 위안의 방편으로 기도하거나 잠자리에 뛰어들기 전에 급히 한두 마디의 기도를 하는 사람에게 예레미야 33:3 말씀대로 크고 비밀한 것을 보여 주시리라고 믿지 않습니다.

전능하신 하나님 아버지와 함께 보내는 시간이 하루 중에서 30분 즉 1/48도 채 못 되는 사람에게 하나님께서 무슨 큰일을 일으켜 주시리라고 생각합니까? 하나님께서 그러한 당신을 위해 무슨 일을 하실지 의심스럽습니다."

도슨은 많은 시간을 개인적인 기도로 보냈으나 늘 혼자서만 기도하지는 않았습니다. 그는 조용한 곳에서 조용히 하나님과 함께 보내는 시간을 즐겼지만, 또한 다른 사람들과 함께 기도로 교제하는 일을 무척 즐거워했습니다. 그는 매시간마다 돌아가며 다른 사람과 기도한 적도 있고 밤새도록 기도 모임을 갖기도 했습니다. 물론 그는 자주 우리에게 하나님과만 홀로 시간을 보내라고 도전했습니다. "기도하십시오. 좀 더 열심히 기도하십시오. 당신 생활의 모든 영역에서 하나님께서 베푸시는 은혜와 영적 소성함을 누릴 수 있을 때까지 절대로 기도를 멈추지 마십시오."

그는 하나님의 사람들과 함께 무릎 꿇고 기도하기를 즐겼습니다. 언젠가 도슨은 옛일을 이렇게 회상했습니다. "로스앤젤레스 시내 한복판에서 이른 새벽에 가졌던 기도 시간들은 무척 축복되었습니다. 당시 우리는 매주 목요일 아침 5시부터 7시까지 2년 동안 줄곧 기도해 왔는데, 봅 멍어, 딕과 돈 힐리스, 루디 애트우드,

그리고 CE의 로이 크레이턴 등이 함께 모였었습니다. 기도 제목은 로스앤젤레스의 복음화, 청소년 문제, 우리들의 자녀 문제 등이었고, 더 나아가 나라와 세계 복음화를 위해 진심으로 우리의 마음을 쏟으며 하나님께 부르짖었습니다. 함께 수많은 도시와 국가, 나아가 세계 땅 끝까지를 위해 기도하는 가운데 내 생애에 진정한 초석이 놓이게 되었습니다."

하나님과 동행하는 삶의 초기에 기도는 도슨의 삶의 한 패턴이 되었습니다. 그의 일지는 기도와 영혼에 대한 열정으로 꽉 메워져 있었습니다. "오늘 아침 일찍 주님과 보낸 시간은 무척 축복되었다. 또다시 나는 하나님의 일을 성취하는 데 있어서 기도하는 일이 참으로 중요한 열쇠가 됨을 깨닫는다. 그분과 오랜 시간을 보내는 습관 속에서 내 얼굴을 하나님께 향하고 인내로 그분의 은혜를 바라기로 결심한다. 진실로 나에게 새로운 힘을 주고, 큰 역사를 일으키는 만큼이나 힘들고 어려운 일이 기도가 아닌가 싶다."

도슨은 또한 그 당시 일지에서 다음과 같이 기록하고 있습니다. "우리는 샌피드로에서 놀라운 모임을 가졌다. 그 후 에드, 빌, 짐, 월트와 나는 밤 11시까지 계속 기도 모임을 가졌다. 그 후 두 친구는 먼저 집에 가고 짐과 월트와 나는 밤새도록 하나님께 합심해서 기도했다."

다음날 다시 그는 다섯 사람과 함께 언덕에 모여 기도했습니다. 그리고 나서 하버시티에 가서 전도 집회를 가졌습니다. 8월 30일 금요일이었습니다. "밤 9시에 교회에 도착해서 지쳐 쓰러질 때까지 기도. 마룻바닥에서 밤을 샜다. 새벽에 일어나 또다시 주님께 온 열정을 쏟아 기도를 시작했다."

몇 년 후 그는 또다시 기도의 짐을 느끼게 되었습니다. 그는 클라이드 테일러와 함께 남아메리카 선교 지역을 답사하고 있던 중이었습니다. 클라이드는 그 당시 상황을 다음과 같이 술회했습니다. "나는 도슨의 기도 생활에 충격적인 영향을 받았습니다. 여행하는 동안 바삐 움직인 나머지 피곤에 지쳐 잠자리에 들 때, 도슨은 때로 '클라이드, 나는 지금 두 시간 정도 주님과 함께 시간을 보내야겠네'라고 말하고는 어둠 속으로 사라지곤 했습니다. 그리고 한참 후에야 다시 돌아왔습니다. 그렇게 한 다음 날이 되면 더욱 새로운 마음과 참신한 헌신 속에서 성경 말씀을 더욱 예리하게 깨닫는 모습을 볼 수 있었습니다. 도슨은 이러한 충전 없이 아무 일도 할 수 없었습니다. 잠을 자지 않고 일을 할 수는 있어도 충분한 기도가 없이는 아무것도 할 수 없는 사람이었습니다."

도슨은 그의 마음 판에 기도에 관한 약속들을 수없이 새겨 놓았습니다. 그의 마음속 깊은 곳에 자리한 전통(箭筒) 속에는 하나님의 마음을 움직일 수 있는 수많은 화살들이 꽉 차 있었습니다. 이러한 성경 말씀들과 경건한 믿음의 선배들이 끼친 영향력으로 말미암아 그는 기도의 사람이 되었습니다.

사역 초 그에게 중대한 영향을 주었던 책들은 성경 말씀 중심의 책들로 도슨은 그것들을 거의 외다시피 했습니다. 허드슨 테일러, 조지 뮐러, E. M. 바운즈 등의 책들이 대표적인 것들이었습니다. 이들은 하나님과 시간을 많이 보냈던 사람들로 그들의 삶은 도슨에게 더욱 깊이 있는 기도 생활을 하게 한 자극제가 되었습니다.

성경을 제외하고 E. M. 바운즈가 쓴 '기도의 능력'이라는 책자에 나오는 다음의 문구보다 그에게 더 큰 영향을 준 것은 아마도 없을 것입니다.

하나님의 도구는 사람입니다. 교회는 더 나은 방법을 추구하는 데 전력을 투구하고 있지만 하나님께서는 더 나은 사람들을 찾고 계십니다. 오늘날 교회에 필요한 것은 더 많은 시설이나 새로운 조직 또는 새로운 방법들이 아니요, 성령께서 쓰실 수 있는 기도의 사람들입니다. 즉, 기도의 능력을 체험한 기도의 투사들인 것입니다. 성령께서는 어떤 시설이나 방법이 아닌 사람에게 임하시며, 어떤 거창한 계획이 아니라 기도의 사람들에게 기름을 부으시는 것입니다.

하나님을 의뢰하는 믿음에 더욱 자라 감

그러나 기도와 믿음의 거인은 태어나는 것이 아닙니다. 자라 가는 것입니다. 도슨이 그만큼 노련한 거장이 되기까지는 거의 30년이라는 세월이 걸렸던 것입니다.

그는 스무 살 때 그리스도 안에서 새로운 삶을 살기 시작했습니다. 처음에 그의 믿음은 겨자씨 한 알에 불과했습니다. 도슨은 50센트의 차비와, 로스앤젤레스 항구에 위치한 그의 조그마한 집에 날마다 찾아오던 해군 병사들과 자기 가족들에게 필요한 양식을 위해 하나님께 의뢰하기 시작했습니다. 많은 세월이 지난 후 그는 하나님께 50달러를 믿음으로 구할 수 있었으며, 또 그로부터 오랜 세월이 지난 뒤에는 콜로라도에 위치한 본부 건물 구입을 위해 6주간에 걸쳐 11만 달러를 구할 수 있는 믿음을 소유케 되었습니다. 민수기 13:30에 나오는 갈렙의 믿음을 갖게 되기까지 도슨에게는 27년간의 성장이 필요했던 것입니다. "우리가 곧 올라가서 그 땅을 취하자. 능히 이기리라."

도슨의 믿음은 마치 연못 위에 조약돌이 일으킨 파문이 퍼져 나가듯 점차로 넓게 뻗어 나갔습니다. 그는 캘리포니아의 로미타와 롱비치에 사는 이웃과 고용주, 친구들의 구원을 위해 기도했고, 더 나아가 미국 전역과 세계 여러 민족의 구원을 위해 믿음으로 구하기 시작했습니다.

그와 그의 아내 라일라는 믿음이 함께 성장해 가고 있었습니다. 그러나 그들의 믿음은 자신들에게서 끝나지 않았습니다. 그들은 하나님께서 크고 비밀한 것을 보여 주시리라 믿으면서 다른 사람들도 믿음의 대열에 끌어들이기 시작했습니다. 그들은 전능하신 하나님의 약속을 믿고 살았기 때문에 다른 사람들에게도 약속을 심어 줄 수 있었을 뿐만 아니라 그 사람들 스스로 약속을 주장하며 사는 방법을 제시해 줄 수 있었습니다.

확신과 믿음이 자라 감에 따라 그는 '모험'을 즐기기 시작했습니다. 즉, 하나님께서 공급해 주시기 전에 먼저 믿음으로 행하는 삶을 살게 되었던 것입니다. 이러한 삶의 방식은 그와 함께 동역하던 믿음의 형제들에게도 확산되어 가기 시작했습니다.

대단히 중요한 것은 그는 결코 도중에 그만두는 법이 없었다는 것입니다. 그는 그의 주위에 하나님을 신뢰하는 사람들을 불러 모았습니다. 그래서 팀을 이루게 되었습니다. 도슨과 하나님, 도슨과 라일라와 하나님, 도슨과 가족, 그리고 동역자들과 하나님, 이런 식이었습니다. 그의 영향권이 확장되어 감에 따라 늘어나는 책임을 잘 감당할 수 있기 위해서는 그의 믿음도 더욱 자라 가야 했습니다. 그 영향력은 일방적인 것만이 아니어서 도슨 역시 동역하는 여러 형제들의 믿음에 의해 큰 도전과 격려를 받았습니다. 그들은 "그가 계신 것과 또한 그가 자기를 찾는 자들에게 상주시는 이심"(히브리서 11:6)을 확신하고, 마음을 합하여 열심히 하나님을 찾았습니다.

1948년의 어느 늦여름날 도슨은 기도 응답을 극적으로 체험하게 되었습니다. 그 당시 스위스 비텐베르크에 위치한 어느 성경학교에서 십대 선교회(YFC)의 세계 전도 대회가 처음으로 개최되었습니다. 세계 각지에서 온 청소년 단체의 대표들이 참석하고 있었습니다. 그런데 그곳에는 각 나라에서 온 단체들 사이에 적대감과 쓴 뿌리의 분위기가 감돌고 있었습니다. 영적으로 심각한 위기였습니다.

그러던 어느 날 점심 식사 후, 봅 에반스, 휴버트 미첼, 빌리 그래함, 그리고 도슨 트로트맨, 이렇게 네 명은 함께 산에 올라가서 서로의 심정을 토로하면서 하나님께 부르짖게 되었습니다. 도슨은 그 당시 상황을 이렇게 들려준 적이 있습니다. "기도하기 전에 우리는 죄를 자백하는 시간을 가졌습니다. 우리 모두는 능력 있는 삶을 살며, 성령으로 새로워지고, 말씀에 대한 깊은 통찰력을 얻고 싶었으며, 하나님께 쓰임을 받을 수 있는 좀 더 깨끗하고 순수하고 견고한 질그릇이 되고 싶었던 것입니다.

그래서 그 산속에서 우리는 서로 굳게 약속했습니다. 그때 우리 네 사람은 마치 지구상의 동서남북을 암시하듯 사방으로 서서 앞 사람의 손을 서로 교차시켜 마주 잡고 말씀과 기도, 그리고 땅 끝까지 복음을 증거하는 일에 우리의 남은 생을 바치기로 약속했던 것입니다."

하나님께서는 그들의 기도를 들으셨고 응답하셨습니다. 그들 모두는 하나님 나라를 위한 위대한 지도자들로 쓰임받게 되었던 것입니다. 봅 에반스는 대유럽 선교회의 통찰력 있는 지도자로, 휴버트 미첼은 인도와 인도네시아의 개척 선교 책임자로, 빌리 그래함은 세계적인 전도단을 이끄는 하나님의 종으로, 도슨 트로트맨은 네비게이토 선교회의 창시자이자 제자 훈련을 위한 일꾼으로 각각 귀히 쓰임받았던 것입니다. 하나님께서 어떻게 이들 각자를 인도하셔서 스위스에서 만나게 하셨으며, 어떻게 그들이 산제사로서의 삶을 시작하였는지, 또한 어떻게 그곳에서 인간의 나무와 하나님의 불이 만나 격렬한 불꽃이 치솟게 되었는지 연구해 보면 참으로 흥미진진합니다. 하나님께서는 그들의 기도를 응답하셨을 뿐만 아니라 스위스 집회에 참석한 모든 대표단들을 위해서도 위대한 일을 행하셨습니다. 그야말로 하나님의 힘찬 진군이 시작된 것입니다!

도슨에게 있어서 그 당시는 하나님을 향한 믿음이 삶의 모든 영역에서 크게 성숙해 가고 있었을 때였습니다. 주일학교 소년반을 인도하는 일, 재정적인 면, 아내 라일라와의 결혼 생활, 갓 시작된 동역자들과의 팀웍, 그리고 스위스에서 함께 약속했던 사람들과의 동역 등등 모든 영역에서 믿음이 성장해 나가고 있던 시기였습니다.

진심으로 하나님을 경외했던 도슨에게 있어서 기도는 아주 중요한 일이었습니다. 네비게이토 선교회의 부회장으로 일했던 짐 다우닝이 도슨에 대해 다음과 같은 이야기를 들려주었습니다. "내가 도슨과 함께 마지막으로 참석했던 수양회는 1953년 호놀룰루에서 개최된 수양회였습니다. 우리는 아침 일찍 일어나 경건의 시간을 갖게 되었는데, 그는 시편 103편을 열더니 나에게 '짐! 나는 오늘 새벽에 이렇게 30분 이상이나 깨어 있었는데도 하나님께 큰 것을 구하지 못한 것을 자백해야겠네'라고 말하는 것이었습니다. 도슨은 실제로 그날 30분을 낭비했다고 생각했습니다!"

도슨은 하루 24시간 동안의 삶을 위한 하나님의 뜻이 무엇인지 발견하기 위해서 매일 아침 두 시간을 하나님께 드렸습니다. "주님! 주님의 마음에 무엇이 있습니까? 제 마음속에 바로 그것을 갖기 원합니다." 그러고 나서 성령의 조명과 통찰을 위해 기도하면서 성경을 깊이 상고하고 자백을 통해 마음을 정결케 하고 나면, 하루의 삶에 뛰어들 준비가 되었습니다. 그는 하나님을 말씀대로 신뢰하기에 성경에 나오는 약속을 그대로 믿고, 그것이 이루어지기를 기도하며, 그 위에 자기 이름을 써넣기도 했습니다. 그러고 나서 그날그날 이루어 내야 할 일들에 뛰어들었습니다. 한번은 어느 간사에게 다음과 같은 말을 해주었습니다. "당신은 성경을 믿어야 합니다. 또한 하나님을 믿고 그분이 무엇이라 말씀하셨든지 그것을 이루신다는 사실을 믿어야 합니다. 그러고 나서는 그 믿음을 행동에 옮기십시오. 하나님께서 하실 일들을 당신이 할 수도 없지만, 반면에 당신에게 하라고 하신 일들을 하나님께서 대신 해주시지도 않습니다. 전국에 있는 사람들을 만나려고 하기 전에 먼저 당신이 살고 있는 곳에서부터 영혼들을 만날 수 있도록 기도해야 합니다. 그러기 위해서는 당신의 지역 사회를 위해서 기도하기 시작해야 하며, 또한 그 일은 당신의 이웃에 사는 한 영혼을 위한 기도로부터 시작되어야 합니다. 나는 모든 그리스도인들이 그리스도의 위대한 증인이 될 수 있다고 믿습니다. 그러나 위대한 증인이 되려면 자신이 살고 있는 이웃에서부터 증거하기 시작해야 한다고 생각합니다. 당신은 이것을 믿습니까?"

이렇듯 실제적인 기도는 그로 하여금 영적인 삶을 살 수 있게 해준 한 비결이 되었습니다. 그는 언제나 살아 계신 하나님과 또 약속을 성취하고자 하시는 그분의 열망과 능력에 초점을 맞추고 살았습니다. 이러한 믿음으로 말미암아 그의 삶은 당대 사람뿐 아니라 오늘날 우리에게까지 귀감이 되어 강한 도전을 주고 있습니다.

성경을 암송하는 것과 말씀을 매일의 삶 가운데 적용하려는 노력을 통해서 하나님의 말씀이 자신의 삶 속에 깊이 침투되어 있었기 때문에 도슨은 성경의 무수한 약속들을 자신의 것으로 삼을 수 있었습니다. 도슨은 자신의 약함에도 불구하고 하나님께서 아브라함에게 주신 약속을 자기의 것으로 주장할 수 있다고 굳게 믿었습니다. 물론 그 약속이 도슨 자신에게 직접 주어진 것은 아니었지만 자신을 위해 기록된 것으로 확신했습니다. 도슨은 장기간에 걸친 성경 연구를 통해서 '모든 약속들은 나의 것이다. 따라서 믿음으로 나는 모든 약속들에 나의 삶을 투자하겠다'라는 확신을 다지게 되었습니다.

그는 하나님의 약속들을 자신의 삶뿐만 아니라 세계 복음화를 위해서도 주장하였습니다. 그는 인간의 약점과 불가능한 환경에 관계없이 하나님께서는 그분이 하신 약속을 반드시 성취하시고야 만다는 사실을 절대적으로 믿었습니다. 그는 "믿음은 불가능한 환경 속에서 발걸음을 내딛는 연습을 통해서만 성장합니다"라고 즐겨 말했습니다.

어떤 것도 하나님께는 큰 문제가 되지 않는다

스무 살 때까지만 해도 도슨의 삶에서 긍정적인 요소는 거의 찾아보기가 힘들었습니다. 신체적으로 약골인데다가 질병도 많고 친구 관계도 건전치 못하여 계속해서 타락의 길을 걷고 있었습니다. 그러나 주님을 영접한 이후 30년간, 도슨은 확신 있고 적극적인 생각의 소유자로서 수많은 사람들에게 영감을 불어넣어 주었고 열정적으로 권면하는 삶을 살았습니다.

모든 영적 지도자들은 자기 자신의 부족한 점들에 대해 너무도 잘 알고 있습니다. 도슨도 예외는 아니었습니다. 그는 자신이 약하다는 사실을 알았기에 절대적으로 하나님의 도우심이 필요하다는 것을 인정했습니다. 그는 하나님께서 전적으로 자신의 삶을 통치하셔야 함을 확신하고 있었습니다. '내가 아니요 그리스도'(갈라디아서 2:20 참조)가 그의 생활 모토였습니다. 그는 부르짖는 자들에게 응답하신다는 예레미야 33:3 말씀의 약속을 굳게 믿었기 때문에 '불가능'이라는 단어가 그의 사전에는 없었습니다. 하나님 자신이 말씀을 선포하시고 질문하시기를, "나는 여호와요, 모든 육체의 하나님이라. 내게 능치 못한 일이 있겠느냐?"(예레미야 32:27)라고 하시지 않았습니까?

하나님께서 그의 생애 가운데 불가능한 일을 이루신 적이 많았는데 그 가운데 한 가지가 해외를 여행하던 중에 일어났습니다. 한번은 그의 절친한 친구 딕 힐리스 선교사와 함께 인도 캘커타(지금의 콜카타)를 향해 가고 있던 중이었습니다. 그들은 캘커타에 있는 윌리엄 케리 교회에서 설교하기로 되어 있었는데, 미국 팬암 항공사 소속 비행기의 운항 취소로 두 사람은 태국의 방콕에서 그만 발이 묶이고 말았습니다. 그들은 합심해서 기도했습니다. "주님! 저희의 힘으로는 어찌할 수 없는 불가능한 상황입니다. 주님께서 맡아 해결해 주시옵소서! 지금 저희는 몇 시간 후에 일어날 주님의 역사를 인하여 감사를 드립니다. 주님, 감사합니다."

공항에 나갔으나, 홍콩과 마닐라를 경유해 비행기 한 대가 도착하지만, 그날은 더 이상 비행을 하지 않을 거라는 공항 측의 이야기를 들었습니다. 그래서 그들은 항공사 측에 왜 예정된 대로 인도로 비행을 하지 않는 것인지를 물어보았습니다. 그랬더니, "트로트맨 씨, 그건 국제 비행 협약 때문입니다. 어느 승무원도 세 번 연거푸 비행할 수 없게 되어 있습니다. 그건 굉장히 위험한 일이지요"라고 대답하는 것이었습니다. 도슨과 딕은 서로 얼굴을 마주 보면서 고개를 끄덕였습니다. 그들은 곧 터미널에 있는 조용한 구석으로 가서 또다시 하나님께 이 사실을 아뢰었습니다. "주님, 주님의 뜻이라면 국제 법규나 어떤 형식적인 절차가 문제가 될 수 없음을 압니다. 이제 주님께 전적으로 맡기오니 주님께서 처리하셔서 정시에 캘커타에 도착할 수 있도록 도와주십시오."

얼마 후에 그렇게 놀랍지만은 않은 방송이 들려왔는데, 즉시 팬암기를 운항해 캘커타로 가라고 승무원들에게 지시하는 내용이었습니다. 그 비행기에는 승객이 4명뿐이었는데, 그중에서도 정시에 도착해야 할 사람은 도슨과 딕밖에 없었습니다. 비행기가 사원의 도시 방콕 상공을 지나 바다 위를 나를 때, 두 사람은 주님께 깊은 감사의 기도를 드렸습니다. "오, 주님, 감사합니다. 참으로 주님께서 이 모든 일들을 이루어 주셨습니다."

이 사건에 대한 이야기를 끝내면서 도슨이 마지막으로 했던 말이 두고두고 마음에 남습니다. "어떤 것도 하나님께는 큰 문제가 되지 않습니다. 그분은 자기가 원하시는 것은 무엇이든지 하실 수 있습니다. 그리고 누구든지 그분의 뜻을 따라 그분이 기뻐하시는 것을 행하려 하면, 그것을 이루어 주십니다."

그는 계속해서 다음과 같이 말했습니다. "내가 믿기로 이 시대의 요청은 바로 하나님을 하나님으로 믿는 사람들입니다. 그분은 우리보다도 훨씬 더 큰 관심을 가지고 사역을 이루고자 하십니다. 그분은 또한 그것을 이루실 수 있는 모든 권세를 가지고 계십니다. 하나님께서는 우리에게 그분의 사역을 이루도록 위임하셨습니다. 그러므로 주님의 사역을 완수하는 데 필요한 모든 자원을 하나님께 믿음으로 구할 수 있지 않겠습니까?

여러분, 우리가 처한 환경이나 상황은 변하며 우리의 관점은 달라질 수 있습니다. 또한 우리의 꿈은 사라지고, 우리의 이상은 증발해 버릴 수도 있습니다. 그렇지만 하나님께 있어서는 달라지는 것이 아무것도 없습니다. 하나님의 계획은 수천 년 동안 정해진 기한을 따라 어김없이 이루어져 왔습니다. 하나님께서는 창세전부터 갈보리 십자가의 계획을 마음속에 품고 계셨습니다. 영원 전부터 하나님께서는 그의 아들 예수 그리스도가 세상 죄를 짊어지고 갈 어린양이 될 것을 아셨습니다. 미리 다 알고 계셨지만 하나님께서는 그의 사람들에게 그것을 공개하지 않으셨습니다. 구약의 선지자들은 성경을 기록하면서 어떤 경우에는 자기들이 참으로 우매하다고 느꼈을 것입니다. 그들은 하나님의 뜻과 마음을 온전히 이해할 수가 없었습니다. 모세는 아마 다음과 같이 느꼈을는지도 모릅니다. '왜 나는 나도 이해할 수 없는 내용을 기록해야 하는가?'

그리고 모세를 대신하여 이스라엘 백성을 인도할 책임을 부여받은 여호수아에게 하나님께서는 '내가 모세와 함께 있던 것같이 너와 함께 있을 것임이라'(여호수아 1:5)고 약속하셨습니다. 여호수아의 삶이 여러분과 나에게 주는 교훈은 무엇입니까? 여호수아로부터 배워야 할 것이 있습니다. 당시 그에게는 구약성경도 없었고 성구사전도 없었으며 전깃불도 없었고 난방 장치도 없었습니다. 그러나 여호수아에게 있었던 것 한 가지가 있는데, 그것은 우리에게도 있습니다. 바로 하나님의 말씀과 하나님의 함께하심입니다."

도슨의 믿음은 예레미야 33:3 말씀에 의해 연단되었습니다. "너는 내게 부르짖으라. 내가 네게 응답하겠고 네가 알지 못하는 크고 비밀한 일을 네게 보이리라." 자그마한 암송 카드에 이 말씀을 기록하여 날마다 가지고 다니며 복습하며 묵상하느라 어찌나 만지작거렸던지 카드가 다 해어져 너덜거렸습니다. 이 구절에 언급된 세 가지 사실을 통해 참으로 하나님께서 말씀하시고자 하는 바가 무엇입니까?

- 내게 부르짖으라
- 내가 네게 응답하겠고
- 크고 비밀한 일을 네게 보이겠다

이 말씀은 도슨으로 하여금 강인한 믿음의 발걸음을 내딛게 하였고, 결국 스스로 '내 인생의 전환점'이라고 일컫곤 했던 놀라운 체험을 하게 했습니다.

전환점

도슨은 그의 절친한 친구였던 월트에게 하나님께 기도로 부르짖을 때에 이전에 알지 못했던 크고 비밀한 일을 보여 주시겠다고 한 말씀을 믿느냐고 물었습니다. 그러자 월트는 머뭇거리면서 "그렇게 생각하네"라고 대답했습니다. 그때 도슨은 "나도 그렇게 믿네. 지금까지는 이 말씀이 이루어지는 것을 보지 못했지만, 앞으로는 꼭 경험하고 싶네" 하고 말했습니다.

두 사람은 예레미야 33:3을 기초로 기도에 대한 성경공부를 하기 시작했습니다. 하나님의 약속들을 어떻게 주장할 수 있는가? 하나님께서 응답하시는 기도의 기본 요소들은 무엇인가? 누가복음 11:8 말씀에 나오는 '강청함'이란 도대체 어떤 것인가? 성경에서는 기도 시간, 기도 시 몸의 자세, 기도할 때의 마음가짐 등에 대하여 어떻게 가르치고 있는가?

이러한 질문들과 더불어 다른 많은 질문들에 답하는 가운데 월트와 도슨은 하나님께서 약속을 이루실 거라는 확신이 들 때까지 서로 합심하여 매일 아침 기도하자고 약속했습니다.

바로 그 주간부터 시작해 그들은 새벽같이 일어나 집 가까이에 있는 산 중턱에서 불을 지펴 놓고 무릎을 꿇고 기도하기 시작했습니다. 성경책을 펴놓고 그들이 가르치던 주일학교 학생들이나 청소년 클럽 회원들의 이름을 한 사람 한 사람 들어 가며 기도했습니다. 기도가 힘이 없고 겉도는 느낌이 들 때는 성경을 찾아 귀한 하나님의 약속들을 일일이 확인해 가면서 매일 아침 두 시간 동안 하나님께 간절히 아뢰었습니다. 그러다가 아침 8시 출근 시간에 늦지 않기 위해 아쉬운 발걸음을 내디뎌야 할 때도 많았습니다. 그래서 주일 아침에는 세 시간으로 연장하여 기도하곤 했습니다.

도슨은 그때 일을 다음과 같이 회상했습니다. "우리는 하버시티, 토란스, 롱비치, 샌피드로, 로스앤젤레스, 패서디나, 그리고 그 위에 있는 도시들을 위해 기도했습니다. 그 이전부터 그러한 지역들의 교회 목사님들과 지도자들로부터 그들의 교회에 와서 어린이들을 주님께 인도하는 효과적인 방법에 대해서 말해 달라는 전화가 많이 있었기 때문입니다.

셋째 주와 넷째 주에 이르러 우리는 서부 해안에 있는 샌프란시스코, 오클랜드, 포틀랜드, 그리고 시애틀에까지 우리의 관심을 넓혀 기도하기 시작했습니다."

도슨과 월트는 하나님께서 그들이 살고 있던 남부 캘리포니아에서 기도 응답의 역사를 보여 주실 수 있는 분이시라면 다른 지역에서도 역시 똑같은 역사를 일으키실 수 있을 거라고 굳게 믿었습니다.

두 사람은 날마다 주님 앞에 나아가 성경에 나오는 약속들, 특히 이사야와 예레미야에서 보여 주는 주님의 약속들을 주장하면서 간절히 기도했습니다.

이들 약속들이 그들의 영혼 깊숙이 파고들자, 드디어 하나님께서는 그들을 사용하셔서 전국 48주 각 곳에서 그리스도를 위해 일할 수 있는 일꾼들을 보내 주시리라는 믿음을 허락해 주셨습니다. 그래서 그들은 워싱턴, 오리건, 텍사스, 일리노이로부터 시작하여 미국 동부를 거쳐 남부 플로리다에 이르기까지 전 지역을 위해서 기도했습니다.

계속해서 도슨은 말했습니다. "누가 제안했는지 기억나진 않지만, 우리는 세계 지도를 구해서 몇 주간 동안 여러 나라와 민족들을 위해 기도하기로 했습니다. 결국 세계 모든 나라가 나와 있는 아름다운 색상의 세계 지도를 하나 구입해 낡은 캔버스에 싸서 언덕 기도처에 보관해 놓았습니다. 매일 아침 우리는 그 지도를 펼쳐 중국, 한국, 일본, 대만이라고 하는 작은 섬, 그리고 필리핀 등을 일일이 손가락으로 짚어 가면서 기도했습니다. 얼마 후에는 그리스, 키프로스, 이집트, 그리고 아프리카의 여러 나라들을 위해서도 기도하기 시작했습니다. 세계 거의 모든 나라들을 짚어 가며, '오 하나님, 저희들을 사용해 주시사 앞으로 이들 각처에서 주님을 위한 일꾼들을 징모할 수 있도록 도와주십시오'라고 기도했을 때, 우리 마음에 참으로 감사와 기쁨이 넘쳤습니다."

기도를 시작한 지 42일째가 되자, 그들은 마음의 짐이 덜어짐을 느꼈으며, 주님께서 응답하시고 자신의 약속을 이루실 것에 대한 믿음으로 감사하기 시작했습니다. 그들은 6주 동안 총 100시간 이상을 언덕에서 하나님과 함께 보내면서, 자신들을 사용하셔서 세계 방방곡곡에서 주님의 영광을 드러낼 일꾼들을 징모하고 훈련시킬 수 있게 해달라고 기도했던 것입니다. 앞으로 그들에게 어떠한 일이 일어나는지 당시에는 조금도 예측할 수 없었습니다.

몇 년이 지난 후 도슨은 서랍 속에 있는 서류들을 정리하다가 '워싱턴'이라고 적힌 자주색 카드를 발견했습니다. 거기에는 워싱턴 주에서 도슨의 전도를 통해 주님께 돌아온 한 해군 병사의 이름이 기록되어 있었습니다. 그리고 또 다른 이름들, 즉 일리노이의 레스, 텍사스의 숀, 위스콘신의 에드 등이 있었습니다. 도슨과 라일라는 그날 저녁에 미국 48개 주 전역에서 그들을 통해 영혼들이 주님께 돌아온 사실을 알게 되었습니다. 예레미야 33:3 말씀이 부분적으로 이루어졌던 것입니다.

당시 42일간의 기도를 회고하면서 도슨은 다음과 같이 말했습니다. "당시 우리는 단지 '주님, 우리로 사람들을 만날 수 있게 해 주시옵소서. 사람들을 우리에게 보내 주시옵소서'라고 기도했습니다. 우리는 그 기도가 어떤 결과를 가져다줄지 전혀 예상하지 못했습니다. 그 후 4년 동안 미국 모든 주에서 영혼들이 우리에게 나아와 구세주를 알게 되리라고는 생각지도 못했습니다. 하나님께서는 넘치도록 우리의 기도를 응답하셨으며, 이렇게 해서 오늘날 네비게이토라고 이름하는 우리의 사역이 시작된 것입니다."

42일 동안의 기도를 마치면서 크신 하나님을 믿었던 도슨의 생애는 전환점을 맞게 되었습니다. 수양회나 세미나에 참석했던 때문이 아니요, 믿음이나 기도를 주제로 한 설교를 들어서도 아니요, 수천 명의 청중을 대상으로 열린 전도 집회에서 일어난 놀라운 변화를 목격함으로 인해 생긴 변화도 아니었습니다. 단지 하나님의 약속을 그대로 신뢰한 개인적인 믿음의 행위와 점점 더 큰 것을 구해 가면서 점차 성장해 나간 하나님을 향한 믿음 때문에 생긴 변화였습니다.

  도슨의 생애에 있어서 이 전환점은 바로 그가 하나님의 약속을 믿고 다른 영혼들을 위한 중보 기도에 헌신하기로 하나님과 약속한 때에 이루어졌습니다. 도슨은 이러한 믿음의 기도가 소수 선택된 자들만을 위한 특권이 아니라 모든 그리스도인들의 권리와 책임이라고 믿었습니다. 말년에 지나온 삶을 되돌아보면서 그가 후회했던 것이 꼭 한 가지 있었습니다. 그것은 곧 더 많은 것들을 하나님께 구하지 못했다는 것이었습니다.

4
삶의 중심부에

에스라가 여호와의 율법을 연구하여 준행하며
율례와 규례를 이스라엘에게 가르치기로 결심하였었더라.
에스라 7:10

만약 여러분이 진정 하나님을 위해 살고자 한다면
여러분의 삶의 중심을 예수 그리스도께서 차지하셔야 합니다.
도슨 트로트맨

밤이 깊어 가면서 할리우드 언덕의 공기는 점점 차가워져 가고 있었습니다. 그때 도슨 트로트맨은 수레바퀴 예화의 마지막 살에 대해서 설명하고 있었습니다. 밤이 늦었지만 모두들 거기에 매료되어 시간 가는 줄을 몰랐습니다. 그들은 수레바퀴의 마지막 살인 증거의 살을 명확히 알 수 있었습니다. 이로써 도슨은 '그리스도 중심'의 '성령 충만한' 그리스도인의 삶을 사는 비결에 대한 설명을 끝내고 그날 저녁 시간을 은혜 가운데 마쳤습니다. 수레바퀴는 테, 축, 그리고 네 개의 살로 이루어져 있었습니다. 도슨의 이 예화는 자신이 가르치고 있던 주일학교 학생들에게 어떻게 하면 그리스도인의 삶의 핵심 내용을 잘 이해시켜 줄 수 있을까 고심하던 끝에 만들어진 결정체입니다. 다른 어떤 예화보다도 이 수레바퀴 예화는 네비게이토의 제자삼는 사역에 크게 기여해 온 훌륭한 예화가 되었습니다.

균형 잡힌 그리스도인의 삶

수레바퀴 예화란 무엇이며 그것이 어떻게 그리스도 중심의 성령 충만한 삶을 대변해 줄 수 있습니까? 이 질문에 답하기 위해서는 도슨이 즐겨 읽었던 책 중의 하나인 존 그레고리의 '일곱 가지 교육 법칙'에 나오는 원리를 살펴보아야만 합니다.

그레고리의 기본 법칙은 "주제에 대해 이미 학생들이 잘 알고 있는 내용이나 스스로 경험한 내용으로부터 시작하여 쉽고 자연스럽게 점점 더 새로운 내용으로 옮아감으로써, 이미 알고 있는 것을 토대로 새로운 것을 배울 수 있도록 하라"는 것입니다. 도슨은 성경의 진리를 더욱 분명히 해주며 매일의 삶 속에 더욱 실제적으로 적용될 수만 있다면 예화들을 언제든지 수정하곤 했습니다.

수레바퀴 예화는 도슨이 로미타에서 주일학교 학생들을 가르칠 때 사용한 삼각의자 예화에서 착상한 것입니다. 그는 그리스도인의 삶을 성경, 기도, 증거로 설명하는 삼각의자 예화에 대해 들은 적이 있었습니다. 세 다리 중 하나라도 없어지면 의자는 제대로 설 수 없게 됩니다.

도슨은 그 의자를 수레바퀴로 바꾸었으며 그 이유를 이렇게 설명했습니다. "의자는 주저앉아 있는 인상을 주기 때문에 나는 그 예화가 마음에 들지 않았거든요. 우유를 짤 때나 구두를 수선하거나 감자 껍질을 벗길 때라면 의자가 유용한 도구가 되겠죠. 그러나 그리스도인 특히 어린아이들은 가만히 앉아 있을 수가 없습니다.

그래서 나는 세 개의 살이 달린 바퀴를 고안해 냈습니다. 왜냐하면 바퀴는 어린이나 어른 할 것 없이 누구나 쉽게 알아볼 수 있기 때문입니다. 자동차, 자전거, 배, 기차 등 많은 것들이 바퀴를 사용합니다.

축은 그리스도가 되어야 합니다. 그리고 테를 성령의 능력으로 살아가는 원만한 그리스도인으로 생각한다면, 살은 무엇이 되어야 하겠습니까? 주일학교 학생들이 성경 구절을 외우고 기도하고 다른 아이들에게 전도하는데도 불구하고 무엇인가가 빠져 있음을 발견하게 되었습니다. 그래서 네 번째 살을 만들어 '실생활에의 실천'으로 명명했습니다. 후에 우리는 그것을 간단히 '순종'의 살로 불렀습니다.

그렇게 하고 나니 수레바퀴가 더 그럴듯해졌습니다. 두 개의 수직 살과 두 개의 수평 살이 조화를 이루었습니다. 이들 네 가지 살이 중앙에 있는 주 예수 그리스도를 축으로 하여 그리스도인 삶의 네 가지 기본 요소를 이루는 것입니다. 이 네 가지 살 중에 어느 하나라도 빠지거나 균형을 잃게 되면, 수레바퀴 전체가 균형을 잃고 덜커덕거리게 됩니다. 이에 대해 에스라 7:10 말씀은 좋은 예를 보여 줍니다. 에스라는 여호와의 율법을 연구하여(말씀), 이를 준행하며(순종), 율례와 규례를 이스라엘에게 가르치기로(증거), 결심 즉 마음을 준비했던(기도) 것입니다."

에스라는 이 네 가지 기본 요소가 삶에 깊이 뿌리내린 경건한 하나님의 사람으로서 당대에 커다란 영향을 끼쳤던 사람입니다.

이 수레바퀴 예화가 점차 도슨을 비롯한 네비게이토 형제 자매들을 나타내는 심벌이 될 만큼 널리 알려지게 되자, 도처에서 크고 작은 모임에 그를 초청하여 그 예화를 듣고자 하였습니다. 또한 캘리포니아의 어느 한 그리스도인이 도슨을 위해 금속으로 수레바퀴를 만들어 주어 어디든지 가지고 다니면서 시각 보조 자료로 사용할 수 있도록 도와주기도 했습니다. 그 수레바퀴는 분해가 가능해, 쉽게 가방에 넣고 다니거나 성경책과 더불어 손에 들고 다닐 수 있도록 되어 있었습니다. 그 수레바퀴의 살에 한자를 써 넣어 중국에까지 가지고 간 적도 있었습니다.

내가 처음 할리우드에서 그의 메시지를 듣던 날 그가 사용했던 수레바퀴 역시 바로 그와 같은 것이었습니다. 테는 속이 빈 타이

어로 되어 있었고 곁에 '성령 충만한 그리스도인의 삶'이라고 쓰여 있었습니다. 도슨은 그것을 우리 모두가 볼 수 있도록 왼손으로 높이 치켜들고 다음과 같이 질문했습니다. "무엇이 이 수레바퀴로 하여금 앞으로 나아가게 힘을 공급하며 방향을 잡아 줍니까? 하나님을 위해 열매 맺는 사람이 되기 위해서는 이 수레바퀴의 중심에 무엇이 있어야 합니까? 자, 우리가 그리스도 안에서 자라고 성숙해 가는 데 절대적으로 필요한 요소들을 들어 보십시오."

모두가 이것저것 제안했습니다. "성경, 교회, 자백, 성령, 기도, 전도, 교제, 지상사명, 성경암송…." 그 밖에도 최소한 열두 가지쯤은 더 나왔습니다. 도슨은 이것들을 커다란 흑판에 기록했습니다. 모두 약 25개 정도가 열거되었습니다.

"자, 좋습니다." 계속해서 도슨이 말을 이었습니다. "이제는 이들 목록을 중심으로 가장 기본적인 것 네댓 가지를 뽑아 봅시다. 어떤 것들이 가장 필수적일까요?"

도슨은 우리들에게 몇 분간 생각할 기회를 주더니 수레바퀴를 꺼내서 왼손에 쥐고 말하기를, "이제는 제 생각을 이야기해 보겠습니다. 자, 여기를 보십시오. 칠판에 쓴 것은 잊어버립시다. 이 수레바퀴가 여러분의 삶이라고 생각해 보십시오. 그리스도께서 구세주 되심은 이미 잘 알고 계실 것입니다. 하나님께서는 우리가 최선을 다해 하나님을 향해 수레바퀴를 굴려 나가기를 원하실 것입니다. 하나님께 진정으로 영광 돌리려 한다면 영접하는 것 이상의 무엇인가가 여러분에게 절대적으로 필요할 것입니다. 그것이 무엇입니까?"

그가 수레바퀴 옆에 있는 조그마한 철사 줄을 당기자 중앙에서 그리스도라고 쓰인 하얀 색의 축이 툭 튀어 나왔습니다. "바로 이

것입니다'라고 도슨이 말했습니다. "만약 여러분이 진정 하나님을 위해 살고자 한다면, 여러분의 삶의 중심을 예수 그리스도께서 차지하셔야 합니다. 이것이 바로 바울이 빌립보 성도들에게 '이는 내게 사는 것이 그리스도니'(빌립보서 1:21)라고 말한 이유입니다. 비록 바울은 그때 감옥에 갇혀 있었으나 그의 삶의 원동력은 그리스도였습니다. 이 축으로부터 여러분의 삶을 추진시키고, 인도해 주며, 붙들어 주는 힘이 나옵니다. 그리스도께서 우리 삶의 중심에 계시기 때문에 우리는 그리스도의 사람, 즉 그리스도인이라고 불립니다. 물론 교파가 다를 수도 있지만 어쨌든 우리는 그리스도 안에서 하나이며 모두가 그리스도인인 것입니다. 그분으로부터 우리의 생명이 비롯되고, 승리할 수 있는 힘이 나오며, 그분은 우리의 모든 충만이 되십니다.

중심에 있는 이 둥근 축을 어떤 다른 사람이 차지하게 되면, 그 기능이 마비되어 버립니다. 아버지, 목사님, 유명한 성경 교사 혹은 여러분이 알고 있거나 들은 적이 있는 어떤 사람이 여러분의 삶의 중심을 차지하게 되면, 문제가 발생하는 것입니다."

도슨은 수레바퀴를 강단 위에 다시 올려놓고 칠판에 다가가서 앞에서 나왔던 목록들을 모두 지우고 나서, 예수 그리스도께서 그리스도인의 삶의 축이 되심을 나타내 주는 성경 구절들을 말해 보라고 했습니다. 그러자 골로새서 1:18부터 시작해서 빌립보서 3:10, 요한복음 14:6, 에베소서 3:14-15, 요한계시록 1:8 등등의 말씀이 나왔습니다.

도슨이 손가락으로 손에 들고 있던 바퀴를 톡 치니까 네 개 중 두 개의 살이 튀어나왔습니다. 그 살들은 바퀴의 축과 테를 연결시켜 주고 있었습니다. 그러자 그는 그의 특유한 어조로 바퀴의 두 살이 그리스도인들로 하여금 하나님과의 살아 있는 관계를 맺도록 해주는 말씀과 기도를 의미한다고 이야기했습니다. "하나님께서는 성경 말씀으로 우리에게 말씀하시며 우리는 기도로 그분께 말씀드립니다. 이들 두 개의 수직 살은 하나님과의 교제를 위해 주어진 은혜의 통로입니다. 말씀과 기도는 그리스도 중심의 삶의 기초가 됩니다.

어느 것이 더 중요합니까? 둘 다 똑같이 중요합니다. 음식과 공기 중에서 어느 것이 더 중요하냐고 묻는 것과 같습니다. 생명 유지에 둘 다 필수적입니다. 둘 중 하나가 아닙니다. 어느 하나도 없어서는 안 됩니다. 갓 태어난 아기는 숨을 쉬어야 할 뿐 아니라 젖을 먹어야 합니다. 그리스도 안에서 갓 태어난 사람에게는 말씀과 기도 중 어느 것이 더 중요하겠습니까? 물론 둘 다 중요하지만 말씀의 살을 바퀴의 아래에 둔 이유는 말씀이 다른 모든 것의 기초가 되기 때문입니다.

내 자신의 경험으로는 기도는 성경을 통해 배웠습니다. 내가 갓 믿고 나서 내 자신의 영적 성장을 위해 처음 외웠던 성경 구절 중의 하나는 요한복음 16:24이었습니다. '지금까지는 너희가 내 이름으로 아무것도 구하지 아니하였으나, 구하라, 그리하면 받으리니 너희 기쁨이 충만하리라.' 이런 말씀이 없었더라면 나는 기도에 대해 알 수 없었을 것입니다. 예수님께서 그렇게 말씀하셨기 때문에 나는 믿고 그 말씀을 근거로 기도를 시작할 수 있었습니다. 이것은 하나님의 약속입니다. 어디에서 그런 약속을 받을 수 있겠습니까? 성경으로부터입니다. 말씀을 수레바퀴의 기초 살로 하단에 두는 이유가 바로 여기에 있습니다.

그러나 여러분! 말씀과 기도 둘 다 중심에 있는 그리스도와 밀접한 관계가 있다는 사실을 아십니까? 그분이 없다면 참으로 성경 말씀이나 기도를 통한 하나님의 능력을 도무지 체험할 수가 없는 것입니다. '갓난아이들같이 순전하고 신령한 젖을 사모하라. 이는 이로 말미암아 너희로 구원에 이르도록 자라게 하려 함이라'(베드로전서 2:2). 그러나 마태복음 7:7이 어린 그리스도인들에게도 약속된 것임을 결코 잊지 말아야 합니다. '구하라 그러면 너희에게 주실 것이요, 찾으라 그러면 찾을 것이요, 문을 두드리라 그러면 너희에게 열릴 것이니.'

세상에 태어난 사람은 누구나 다 음식과 공기를 필요로 합니다. 그렇다면 이것들 외에 또 어떤 것들이 반드시 필요하다고 생각합니까?"

도슨은 수레바퀴의 네 개의 살 중에서 나머지 두 개에 대하여 생각해 보기를 원했습니다. 그는 청중들에게 나머지 두 개의 살은 수평으로 놓이게 될 것이라고 말해 주었습니다. 첫 두 개의 살이 하나님과의 관계를 위한 토대가 되는 반면에 나머지 두 개의 살은 사람들과의 수평적인 관계를 나타내 줍니다. 균형 잡힌 삶을 살려면 '건강'과 '운동'이 필요합니다. 도슨은 이것을 강조하기 위해서 뒤에 숨기고 있던 지렛대를 잡아 당겨서 순종이라고 쓰인 또 하나의 살을 제시해 주었습니다. 후에 '순종'은 수레바퀴의 테로 옮겨가고 '교제'가 그 자리에 들어갔습니다. 그리고 모두에게 시편 119:59-60 말씀을 찾아보자고 말했습니다. "내가 내 행위를 생각하고 주의 증거로 내 발을 돌이켰사오며, 주의 계명을 지키기에 신속히 하고 지체치 아니하였나이다." 도슨은 이렇게 설명했습니다. "이 시편에서 다윗이 개인적으로 취한 행동이 무엇인지 발견했습니까? 그는 발을 돌이키기를 신속히 하고 지체치 아니했습니다. 성경 전체에 걸쳐 수백 번씩이나 하나님 말씀에 순종할 것에 대해 언급하고 있는데, 권면하는 정도가 아니라 **명령**하고 있습니다. 이것이 바로 그리스도 중심의 성령 충만한 삶의 비결입니다. 하나님의 명령을 저버리는 병에 걸리지 않도록 조심하십시오. 사탄의 유혹에 굴복하지 마십시오. 그리스도 안에서 승리하는 삶이 바로 **순종**에 달려 있습니다."

네 번째 살은 물론 **증거**로서 건강한 그리스도인의 영적인 운동에 해당합니다. 많은 사람들은 이 네 번째 살이 교회가 되어야 한다고 생각하지만 도슨의 견해는 좀 달랐습니다.

"교회는 한 가지 살이라기보다는 수레바퀴 전체인 셈이지요. 많은 수레바퀴들이 서로 협력하여 한 몸을 이루고 있으니까요. 그리스도 중심의 성령 충만한 삶을 살고 있는 한 사람 한 사람이 각자의 지역교회에 소속되어 있는 것입니다. 그렇지만 영적인 '운동'은 어느 특정 단체나 조직에 국한되어서는 안 되며 어디에 소속되어 있든지 자연스러운 삶의 일부가 되어야 합니다. 그렇기 때문에 나는 그 영적인 '운동'에 해당하는 증거를 네 번째 살로 해야 한다고 생각합니다. 이것은 어떤 목사나 전도자 혹은 전임 사역자들만의 책임이 아닌 것입니다. 그리스도인 모두에게 주어진 명령으로서, 선택적인 것이 아니라 필수적인 것입니다."

그날 밤 나는 롱비치에 있는 집에 돌아오면서 도슨의 수레바퀴 예화를 곰곰이 생각해 보았습니다. 그 후 나는 네 가지의 필수 요소, 즉 말씀, 기도, 순종, 증거의 삶을 계속 복습하며 나의 생활에 적용했습니다. 그때 나는 그리스도 중심의 삶을 살아갈 때 바로 바퀴의 테, 즉 성령 충만한 그리스도인의 삶이 이루어진다는 사실을 깨달았습니다. 이제는 목표와 우선순위를 따라 나의 삶을 적극 훈련함으로 실제로 수레바퀴의 삶을 사는 것이 문제였습니다.
　이러한 일이 있기 여러 해 전에, 부모님께서 고등학교 졸업 선물로 내게 성경책 한 권을 주셨습니다. 그 책 앞부분에 부모님은 다음과 같은, 필라델피아 홀리트리니티 교회의 감독이었던 필립 브룩스의 글귀를 적어 주셨습니다.

　쉽고 편한 삶을 위해 기도하지 말라.… 더욱 강한 사람이 되게 해달라고 기도하라. 네 능력에 맞는 일을 달라고 기도하지 말고, 네 일을 감당할 능력을 달라고 기도하라. 그렇게 되면 네가 하고 있는 것이 기적이 아니라 네 자신이 기적이라는 것을 알게 될 것이다. 또한 날마다 하나님의 은혜로 말미암아 체험하게 될 풍성한 삶과 네 자신에 대해 놀라움을 금치 못하게 될 것이다.

5

말씀의 대가

하나님의 말씀은 당신의 무기입니다.
당신이 그 위력을 조금이라도 의심한다면
아무 능력도 체험할 수 없습니다.
그 말씀만이 지식의 유일한 원천이 됩니다.
하나님의 말씀을 당신의 매일의 양식과 음료로 삼으며
날마다 그것을 연구하여 삶 속에 깊이 배어들게 할 때에라야
비로소 하나님의 뜻대로 그 무기를 사용할 수 있게 됩니다.
당신이 선포하는 성경 말씀이 하나님의 영감으로 이루어진
살아 있는 하나님의 말씀이라고 확신합니까?
당신의 입에서 나가는 말씀이
하나도 헛되이 돌아오지 않을 것이라고 확신합니까?
하나님의 말씀을 의심하는 자는
하나님께 결코 쓰임받을 수 없습니다.

오스왈드 스미스

도슨 트로트맨을 진정으로 이해하려면 말씀에 대한 도슨 자신의 타오르는 열정과 다른 사람들을 말씀의 사람으로 세워 주고자 했던 그의 끊임없는 열정에 대해 알아야 합니다. 도슨이 가지고 있던 기타는 줄이 하나밖에 없었는데 가끔 그것을 통기면서 큰 소리로 "그리스도의 말씀이 너희 속에 풍성히 거하게 하라"(골로새서 3:16)는 말씀을 외치곤 했습니다. 그는 이 말씀에 힘써 순종하였고, 그 결과 그의 마음속에는 그리스도의 말씀이 풍성히 거하였습니다. 그래서 어느 곳에서나 그 말씀들에 순종하며 '성령의 검'을 자유자재로 휘두를 수 있었습니다. 그는 말씀의 대가였습니다.

도슨은 하나님의 말씀을 액면 그대로 믿었습니다. 때때로 너무 문자 그대로 믿는다고 주위 사람들로부터 지나치다는 말을 듣기도 했습니다. 어떤 신학자들은 그의 단순한 믿음을 혹평하며, '진리의 말씀을 옳게 분변치 못하는' 자라고 냉소하기도 했습니다. 어떤 사람들은 공공연하게 트로트맨 씨는 고지식하며 체계적인 신학 교육을 제대로 못 받은 사람이라고까지 말하기도 했습니다. 그러나 도슨에게 있어서 하나님의 말씀은 참으로 '좌우에 날선 검'이었으며, 성령의 인도하심 아래 그의 손 안에 들린 무기가 되었습니다. 그는 조심스러우면서도 능수능란하게 하나님의 말씀을 사용했습니다.

당구에서 암송으로

말씀에 대한 도슨의 지식은 대단했습니다. 그것도 대부분 혼자서 섭취한 것이었습니다. 그가 자랐던 가정은 신앙과는 거리가 멀었습니다. 비록 그의 어머니가 그리스도인이긴 했지만, 그의 신앙에는 거의 도움을 주지 못했습니다. 그는 주일학교도 잘 나가지 않았습니다. 그러나 그의 선생님이신 밀스 여사와 토머스 여사가 6년 동안 끊임없이 도슨의 구원을 위해 간절히 기도했습니다.

스무 살 되던 해, 그는 자신이 암송한 성경 말씀을 통해서 주님께로 돌아왔습니다. 그는 법을 어겨 경찰에 붙잡힌 일이 많았는데, 마지막으로 이런 일이 있던 날 하나님께 약속하기를 "주님, 이번만 저를 이 곤경에서 벗어나게 해주시면, 주일 날 꼭 교회에 나가도록 하겠습니다"라고 했습니다.

도슨은 그때의 일을 이렇게 이야기했습니다. "내가 체포된 것은 금요일 밤이었습니다. 그때 밀스 선생님께서는 집에서 구원에 관한 성경 말씀 열 구절을 찾고 계셨습니다. 밀스 선생님은 토머스 선생님과 함께 그 열 구절을 주일학교 학생들에게 암송하도록 할 계획이었습니다. 물론 그들은 자신들이 6년간 기도해 왔던 소년이 바로 그 성경 구절들을 외게 되리라고는 꿈에도 생각지 못했습니다. 막상 주일이 다가오자 나는 교회에 나가기로 했던 결심이 흔들렸습니다. 교회 가까이에 내가 즐겨 찾던 당구장이 있어, 함께 어울려 다니며 놀던 친구들이 내가 교회에 가는 것을 볼까 봐 두려웠던 것입니다. 어쨌든 나가기로 힘든 결정을 내렸습니다.

그날은 무슨 시합이 처음으로 시작되는 날이었습니다. 여러 가지 다채로운 행사를 통해 득점을 해나가는 시합이었는데, 그중에는 성경암송 대회도 들어 있었습니다. '열 구절을 다 암기하면 우리 편에서 50점을 얻게 된다'고 우리 측 대표인 금발의 귀엽고 자그마한 여학생이 말했습니다. 나는 집에 가서 포켓용 성경책을 열심히 뒤적이며 그 주간 동안 열 구절을 다 암송했습니다. 성경 말씀에 대한 열망보다는 그 예쁜 여학생 때문에 그야말로 열심히 외웠습니다. 그 다음 주에는 영적 성장에 관한 구절 10개가 더 주어졌습니다.

그들은 나를 위해 주중에 열심히 기도했고, 나는 그 다음 주일에도 교회에 나가 그 예쁜 여학생과 팀을 위해 50점을 더 얻어 냈습니다."

도슨의 이야기는 절정에 달했습니다. "이 성경암송은 나에게 잊을 수 없는 결과를 가져다주었습니다. 어느 날 나는 암송한 20구절의 말씀은 이제 머릿속에서 다 흘러 떠내려 버리고 여느 때와 마찬가지로 내가 일하고 있던 제재소로 가고 있었습니다. 당시 나는 약속대로 그 성경 구절을 다 암기해서 다음 주에 우리 팀의 승리를 돕겠다는 생각 외에 특별히 그 말씀을 사용하겠다는 생각은 없었습니다.

나는 도시락을 들고 혼자 생각에 잠겨 터벅터벅 걸어가고 있었습니다. 그때 나를 위한 밀스 선생님의 계속적인 기도로 말미암아 하나님의 말씀이 성령의 능력으로 내 마음속에 역사하기 시작했습니다. 내가 외운 20구절 중에 하나가 그날 아침 출근길에 갑자기 머릿속에 떠오른 것입니다.

'내가 진실로 진실로 너희에게 이르노니, 내 말을 듣고 또 나 보내신 이를 믿는 자는 영생을 얻었고…'(요한복음 5:24). '영생을 얻었고'라는 말씀이 나의 마음에 강하게 부딪쳐 왔습니다. 그러자 나는, '오! 하나님, 영생을 얻었다니, 이 얼마나 놀라운 사실입니까?'라고 외치며 호주머니에서 조그만 성경책을 꺼내서 요한복음 5:24 말씀을 찾아보았습니다. 거기엔 틀림없이 내가 암송했던 그대로 그 말씀이 기록되어 있었습니다. '…영생을 얻었고 심판에 이르지 아니하나니 사망에서 생명으로 옮겼느니라.'

나는 그 자리에서 성년이 된 후로는 생전 처음으로 기도했습니다. '오 하나님, 이 말씀의 뜻을 확실히 알 수는 없으나 나는 영생을 소유하고 싶습니다.' 이렇게 해서 나는 거듭났고 새로운 삶을 시작하게 되었습니다. 내가 하나님을 믿고 기도했을 때 주님께서는 약속하신 새 생명을 주셨던 것입니다."

주님을 영접한 후 도슨은 갈급한 심령으로 말씀을 섭취하기 시작했습니다. "회심한 직후부터 나는 말씀 암송에 더욱 열을 올렸습니다. 그리스도인이 된 후 첫 3년 동안 하루에 한 구절씩을 외워 나갔습니다. 당시 나는 로스앤젤레스 하버 지역에 있는 제재소에서 트럭을 운전하면서 하루에 한 구절씩 1,000구절을 외웠습니다. 그러나 한 번도 사고를 낸 적은 없었습니다.

나는 성경 말씀을 외우기로 결심했고 또 결심한 대로 그렇게 했습니다. '한번 해보자'라든가 '열 구절만이라도 욀 수 있으면 좋겠다,' 혹은 '나는 암송에 자신은 없지만 한번 해보겠다'라는 식으로 시작하지 않았습니다. 중요한 것은 하겠다는 강한 의지입니다. 하겠다는 의지가 있으면 그것을 하게 되어 있습니다. 나는 잠을 자지 못하는 한이 있을지라도 암송 복습만은 계속할 것입니다."

오늘날 성경암송 하면 도슨 트로트맨 혹은 네비게이토를 연상하는 것도 그리 이상한 일은 아닙니다. 도슨의 마음속에 뿌리를 내리게 된 것 중의 하나는 하나님의 말씀을 마음 판에 새기는 것이었습니다. 이러한 습관은 그의 초기 영적 성장에 막대한 영향을 주었습니다. 얼마 안 되어 그는 지역교회에서 주일학교 중등부를 가르치며 CE 활동에 참여해 봉사하고 예배 시간에는 간증을 나누는 등등의 일로 분주하게 되었습니다.

그는 성경 말씀을 섭취하기 위해서 모든 방법을 총동원했습니다. 다른 젊은이들과 함께 성경을 공부하고, 목사님 설교를 듣고 기록하며, 또 복음 방송을 통해 말씀을 배우고, 일 년간 로스앤젤레스 성경학교에 다니기도 했습니다. 그러나 이 모든 것들은 더욱더 그의 성경 말씀에 대한 갈증을 돋워 줄 뿐이었습니다. 도슨은 이런 정도로 성경 말씀을 섭취하는 것도 마음에 차질 않았습니다.

말씀을 깊이 섭취해 감에 따라 그의 용량도 점점 더 커갔습니다. 그는 또한 성경의 이 '주옥같은 진리들'을 다른 사람들에게 무척이나 나누어 주고 싶어 했습니다.

모든 말씀을 사랑함

'감추어져 있는 숨은 보배'(잠언 2:4 참조)를 발견하는 것은 도슨의 특별한 즐거움이었습니다. 예를 들면, 디모데후서 3:16에서부터 4:2까지의 금광을 발견한 그는 하나님께로부터 다음과 같은 귀중한 깨달음을 얻었던 것입니다.

- 모든 성경은 하나님의 감동으로 되었으며 유익하다(3:16).
- 말씀은 하나님의 사람으로 온전케 하며 모든 선한 일을 행하기에 온전케 한다(3:17).
- 때를 얻든지 못 얻든지 말씀을 전파해야 한다(4:2).

도슨은 디모데후서 3:16 말씀을 마음속 깊이 새겼습니다. 그리고 그 말씀을 분석하고 묵상하고 암송하며 전후 문맥을 살펴보았습니다. 그러고 나서 그 말씀을 생활에 적용했습니다. "모든 성경은… 유익하니." 구약성경이나 바울의 서신서들 혹은 4복음서나 시편 23편, 산상수훈 같은 몇몇 사랑받는 구절들만이 아니라, '모든 성경'이 유익합니다. 도슨에게는 '모든'이라는 말이 참으로 '모든' 것을 의미했습니다. 그래서 그의 생전에 가능한 한 깊이 '모든 성경'을 읽고 연구하고 듣고 암송하며 묵상하는 것이 그의 목표였습니다.

이 같은 '출발'은 도슨으로 하여금 나름대로의 신학을 정립할 수 있게 도와주었습니다. 베티 스키너는 트로트맨의 전기인 '도슨 트로트맨'에서 다음과 같이 말하고 있습니다.

> 도슨은 하나님의 말씀에 대하여… 객관적인 입장에서 분석하기보다는, 성경의 각 구절을 하나님께서 도슨 자신에게 직접 말씀하시는 메시지로 받아들이고 그 의미를 진지하게 생각하였습니다. 성경 구절의 배경이나 상황을 이리저리 따지기보다는 그 구절을 통해 하나님께서 자기 자신에게 직접 말씀하시고, 직접 명령하시며, 직접 약속하신다고 믿었습니다.

도슨은 특히 구약을 사랑했는데, 그 책들의 시적인 아름다움을 좋아했습니다. 그는 또한 이사야서로부터 약속을 찾아 주장하기를 즐겼습니다. 이 방대한 성경의 저작 연대나 저자 문제에 대한 비판적인 여러 견해들이 그의 관심사는 아니었습니다. 이스라엘 민족에게 주어진 것처럼 보이나 그들이 주장하지 않았던 약속들을 도슨은 기꺼이 자신의 것으로 주장했던 것입니다.

제2차 세계 대전 직후 도슨과 라일라에게는 이 구약의 약속들이 특별히 소중하게 다가왔습니다. 그 당시 대부분의 네비게이토 사역은 미 해군들을 중심으로 이루어졌습니다. 한번은 호놀룰루에 있는 한 해군이 도슨의 성품과 지도력에 반감을 품고 그를 비방하기 시작했습니다. 그는 비열한 인신공격을 벌이며 모든 네비게이토 간사들과 서부 연안의 중요한 교계 지도자들에게 장문의 편지를 띄웠습니다. 감정적으로는 참으로 견디기 힘든 나날이었지만, 도슨과 라일라는 입을 다물고 묵묵히 그리스도만을 바라보고 계속해서 나아가기로 결심했습니다. 그러한 곤경에 빠져 있던 어느 날 아침, 도슨은 이사야 54:17 말씀을 발견하고 그 말씀을 자신과 가정 그리고 사역을 위한 약속으로 주장하여 승리를 체험했습니다. "무릇 너를 치려고 제조된 기계가 날카롭지 못할 것이라. 무릇 일어나 너를 대적하여 송사하는 혀는 네게 정죄를 당하리니, 이는 여호와의 종들의 기업이요, 이는 그들이 내게서 얻은 의니라. 여호와의 말이니라."

모든 성경은 유익하다

도슨이 성경에 접근했던 방식은 여러 가지 면에서 매우 획기적이었습니다. 도슨은 구약성경에 관한 여러 논란들에 마음을 빼앗기지 않고 구약 39권 모두가 '하나님의 영감'으로 되었다고 굳게 믿는 믿음을 가지고 말씀을 대했습니다. 또한 그는 어떤 약속이 유대인에게 주어진 것이냐, 아니면 교회에 주어진 것이냐에 구애받지 않고 하나님께서 각 개인에게 주신 말씀으로 받아 그 말씀을 자신의 삶에 적용하기를 힘썼습니다. 그는 구약의 처음 17권에 나오는 말씀들을 읽고 깨달으면서 각국에 선교사를 파송하기 위한 약속의 말씀들로 삼기도 했습니다.

네비게이토 선교회 간사로 있다가 아시아에 선교사로 파송되었던 한 형제가 과거를 회상하면서 다음과 같은 이야기를 들려주었습니다. "어떤 교인들에게는 기억조차 희미해져 버리고 20세기의 교회에서도 거의 언급되지 않는 말씀들이 도슨의 삶과 사역에서는 기초를 이루는 일이 종종 있었습니다. 도슨과 네비게이토 선교회 팀은 그 말씀들을 주장하며 그 말씀들을 따라 살았습니다. 그 당시에는 이러한 실제적인 적용이 아주 혁신적으로 생각되었습니다."

1955년 9월에 다음과 같은 일이 있었는데, 이것은 도슨이 성경 말씀을 얼마나 실제적으로 적용했는지를 잘 보여 줍니다. 한번은 도쿄에서 네비게이토 간사 모임이 있었는데, 도슨과 나는 한 방을 쓰게 되었습니다. 그때 간사들 사이에는 어떤 주제에 관한 이견이 생겨 심하게 대립하게 되었습니다. 그 문제를 어떻게 해결하느냐에 따라서 네비게이토 사역이 분열될 수도 있고 더욱 견고하게 하나가 될 수도 있는 긴박한 상황이었습니다. 낮은 길게만 느껴졌고 밤에는 잠이 오지가 않았습니다. 그때 나는 도슨과 딕 힐리스의 침대 사이에 놓여 있던 간이침대 위에서 잠을 잤습니다. 딕 힐리스는 동양 선교회(Orient Crusade) 대표로서 당시 도슨의 옵서버 겸 고문으로 참석 중이었습니다. 그렇잖아도 잠을 제대로 이루지 못하던 상태였는데, 한번은 새벽 한 시쯤 되어 도슨과 딕이 베개 싸움을 하는 바람에 중간에 끼어 있던 나는 잠을 완전히 설쳐 버렸습니다. 그러나 그 싸움을 계기로 우리는 마음껏 웃고 떠드는 가운데 무겁고 답답하던 마음이 한결 가벼워졌습니다. 베개가 어떤 꼴이었는지는 아마도 그 당시 집주인이었던 로이 로버트슨 가족들만 잘 알고 있을 것입니다.

흥분이 가신 후 우리는 라디오를 미군 해외 방송에 맞추어 그 때 마침 벌어지고 있던 브룩클린 다저스 팀과 뉴욕 양키즈 팀의 월드시리즈 야구 시합을 청취했습니다. 이윽고 힐리스가 잠에 빠지고 곧 이어 도슨도 잠든 것 같아 나는 라디오를 끄고 누워서 그 날 보고 들은 것들에 대해 생각을 정리하고 있었습니다. 그때 도슨이 적막을 깨고 허스키한 목소리로 "이봐, 봅 형제! 자나?"라고 말을 건넸습니다.

"아니요, 그저 누워서 생각하고 있는 중입니다. 내일 일이 어떻게 될 것인가 하고 말입니다. 신경이 너무 곤두선 탓인지 잠이 깊이 들지 않는군요."

"나 역시 마찬가지네. 봅! 내 부탁 하나 들어주겠나? 조그만 약속 하나 하세. 혈서나 무슨 서명이 필요한 그런 것은 아닐세."

"대체 뭔데 그러십니까?"

"내가 규모 없는 말이나 행동을 할 때면, 즉각 지적해 줄 수 있겠나? 그렇게 해주겠다면, 내일 아침 성경책을 펼쳐 잠언 9:8-9 옆에다 '도슨 트로트맨, 도쿄, 1955년 9월 29일'이라고 써주게—'거만한 자를 책망하지 말라. 그가 너를 미워할까 두려우니라. 지혜 있는 자를 책망하라. 그가 너를 사랑하리라. 지혜 있는 자에게 교훈을 더하라. 그가 더욱 지혜로워질 것이요. 의로운 사람을 가르치라. 그의 학식이 더하리라.' 자네가 그렇게 해주면 참으로 고맙겠네. 이젠 눈 좀 붙여 보세나. 잘 자게."

아니나 다를까 도슨은 옆으로 돌아눕더니 이내 깊은 잠에 빠져버렸습니다. 나는 베개 싸움으로 무척 피곤했지만, 끝내 잠을 이루지 못하다가 도쿄 지평선에 태양이 서서히 떠오를 때쯤에야 비로소 잠이 들었습니다.

그와의 그 약속은 계속 이행할 필요가 없게 되었습니다. 왜냐하면 그로부터 9개월 후 하나님께서 도슨을 데려가셨기 때문입니다. 나는 그 후에도 종종 그때 그 일을 생각하곤 했습니다. 그가 구약의 잠언 말씀을 실제 생활에 생생하게 되살려 적용하는 모습은 참으로 인상적이었습니다. 그러나 그것은 어쩌다 한 번 있었던 예외적인 일이 아니었고 날마다 그렇게 해오던 그의 생활 방식이었습니다. 모든 성경은 유익했기에 그는 하나님의 약속이라면 무엇이든지 붙들고 주장하기로 굳게 결심했던 것입니다.

"하나님의 모든 약속은 나에게 주어졌다." 도슨은 하나님께 삶을 바치기로 결심한 첫 날부터 하나님의 말씀에도 똑같이 헌신하기로 결심했습니다. 성경은 그 개인의 삶에서 최고의 권위를 차지했고 그의 모든 사역을 주관했습니다. 도슨은 어떠한 대가를 치르더라도 하나님의 말씀에 순종할 책임이 있다고 생각했습니다. 그는 성경의 진리를 위해서는 기꺼이 목숨까지라도 내놓을 각오가 되어 있었습니다. 그는 찰스 웨슬레가 "오직 한 책에 전념하십시오. 그 책은 마땅히 성경이 되어야 합니다"라고 권면했던 대로 살았습니다.

도슨은 성경에 나오는 그리스도께 예배했지 인쇄된 그 책 자체를 숭배하지 않았습니다. 그는 예수 그리스도의 도덕적인 가르침이나 생활에 관한 교훈은 가르치면서도 성경이 하나님의 말씀인지에 대해서는 모호한 태도를 취하는 사람들을 단호히 배격했습니다. "나는 예수님을 사랑합니다. 그렇지만 성경에 대해서는 완전히 신뢰할 수가 없습니다"라는 식의 태도는 그에게 용납될 수 없었습니다.

도슨의 성경에 대한 태도는 타협의 여지라곤 조금도 없었습니다. 성경은 완전하며 정확하고 흠없이 기록된 하나님의 말씀이었습니다. 그는 성경의 모든 말씀이 하나님의 감동으로 되었다는 것을 믿었습니다. 그 당시 성경의 무오성에 대한 논란이 있었던 것은 아니지만, 만일 그러한 논란이 있었더라면 틀림없이 그는 성경의 무오성을 주장했을 것입니다. 그러나 그의 이러한 결론은 어떤 교리적인 접근 방식을 따른 것이 아니라 스스로 마음 판에 새겨 놓은 하나님의 말씀에 근거한 것이었습니다. 그의 친구 하나는 다음과 같이 말하기도 했습니다. "도슨은 그가 믿는 바를 확실히 알았고 그것을 언제나 성경 말씀으로 뒷받침할 수 있었습니다. 조직신학, 교회법, 혹은 전도 기술 등에 대해서는 그렇게 큰 관심이 없었습니다. 그렇지만 근본적인 문제들에 대해서는 확고부동한 태도를 가지고 있었습니다. 구원의 확신, 그리스도 안에서 갓 태어난 신자들의 성장, 믿음의 기도와 능력, 그리고 제자의 도의 중요성 등이 그의 주된 관심사였습니다."

성경에 관한 책이 아니라 성경 그 자체

성경에 대한 도슨의 태도를 비판하는 사람들이 생기자 도슨은 그들에게 성경을 철저히 아는 것이 얼마나 중요한가를 역설하곤 했습니다. "350년 전까지만 해도 하나님의 백성들이 성경 말씀을 읽고 연구할 수 없었습니다. 읽을 성경이 없었기 때문입니다. 어떤 사람들은 읽고 싶어도 읽을 수가 없었습니다. 기성 교회는 그들에게 성경을 갖도록 허용하지 않았습니다.… 그래서 성경 자체를 읽는 것보다 성경에 관해 쓴 책자들을 읽는 것이 쉬웠습니다.… 여러분이 진정 성경으로 돌아가기를 원한다면 반드시 성경에 관한 책들이 아닌 성경 자체로 되돌아가야 합니다.… 성경에 관한 주석이나 책들은 단지 여러분 스스로 성경을 연구하다가 미처 발견하지 못한 것들을 다시 보기 위한 돋보기 정도로 사용되어야 합니다. 나는 사람들에게 영국의 유명한 목사요 성경학자였던 캠벨 모건이 따랐던 방식을 추천하곤 합니다. '성경을 읽고 줄거리를 파악하십시오. 그리고 그 말씀 하나하나를 묵상하고 분석하십시오. 말씀을 붙들고 씨름하여 그것을 깨닫도록 하십시오.'

내가 알고 있는 어떤 사람들은 서재에 있는 책들을 보지 않고는 설교를 할 수 없다고 합니다. 그렇다면 어떻게 성경만 가지고 설교 준비를 할 수 있는지 말씀해 드리겠습니다. 성경, 노트, 연필을 준비하여 먼저 하나님과만의 시간을 가지십시오. 기도로 시작해서 그분께 음성을 들려 달라고 간구하십시오. 하나님께서 당신에게 이미 깨닫게 해주신 대로 살고 있다면 곧 허락해 주실 것입니다.

그렇습니다. 오늘날 교회의 약점 중의 하나가 바로 이것입니다. 누가 어느 주제에 대하여 연구해 책을 써내면 너도나도 그 책을 사서 읽습니다. 물론 그 책을 쓴 저자는 내용을 잘 알고 있겠지만 대개의 독자들은 그렇지 못합니다. 그 내용에 대해 그들 스스로 연구해 본 일이 전혀 없는 경우가 많습니다.

요즘 새롭게 나오는 주석성경들, 즉 스코필드나 톰슨 주석성경이 지닌 문제점도 바로 이것입니다. 물론 이들 성경은 훌륭합니다. 그러나 그것들은 일생 동안 성경을 연구한 한 사람의 생각을 나타내고 있다고 봐야 합니다. 그들이 풀어 놓은 주석을 읽고 연구할 때 큰 도움을 얻을 수 있는 것도 사실입니다. 그러나 이 주석들은 도움을 줄 수는 있어도 하나님의 말씀을 대신할 수 없습니다. 성경만이 하나님의 말씀입니다."

도슨은 네비게이토 수양회나 간사 모임에서 종종 성경공부의 세 가지 기본 원리를 나누곤 했습니다. 첫째, 근본적인 해석을 생각하고, 둘째, 적용할 것을 찾아보며, 셋째, 예언적인 계시가 있는지 조심스럽게 살펴봅니다. 그는 오랫동안 사귀어 온 성경학자들의 도움도 받았으나 그 자신의 성경공부를 통해 이러한 원리를 터득했습니다.

중국 본토에 파송된 최초의 네비게이토 선교사였던 로이 로버트슨은 도슨의 설교를 처음 들었을 때, 그가 성경에 참으로 깊이 뿌리를 박고 있음을 알고 크게 도전을 받았던 일을 이렇게 이야기했습니다. "그는 나에게 마치 걸어 다니는 성경처럼 보였습니다. 그는 말씀을 자유자재로 사용할 수 있었습니다. 그가 이곳저곳 책장을 넘기며 원하는 구절들을 찾는 솜씨는 감탄할 만한 것이었습니다. 그는 참으로 그 방면에 통달한 사람 같았습니다. 그는 도전적으로 하나님의 말씀을 대변하던 옛 선지자들처럼 여겨졌습니다. 나와 마찬가지로 그도 흙으로 빚어진 인간에 불과했으나, 그는 진정 하나님을 대면하여 알았던 사람이었습니다. 그는 하나님의 말씀 안에서 능력 있는 삶을 살았습니다."

도슨은 종종 그의 생각을 재미있는 경구로 표현하곤 했습니다. 이를테면 이런 것입니다. "하나님께서는 그분의 마음에 있는 것을 말씀하시며, 그분이 하신 말씀에는 그분의 마음이 들어 있다." 이런 식으로 그는 성경의 권위를 간단명료하게 표현했습니다. "현재 당신을 지배하고 있는 생각이 당신의 행동을 결정한다"는 짤막한 한 마디로 묵상의 중요성을 나타내기도 하였습니다. 혹은 "생각은 행동을 대신할 수 없고 행동은 생산을 대신할 수 없다"라는 말로, 그저 교회 좌석이나 채우는 그리스도인의 삶과 열심히 증거하는 그리스도인의 삶의 차이를 꼬집어 말하기도 했습니다. 후에 그는 덧붙여 말하기를 "생산은 재생산을 대신할 수 없다"라고 하여 전도와 제자삼는 사역의 차이를 요약해 주었습니다. 그는 전문 용어를 사용하지 않았으며, 언제나 그의 주장을 쉽게 이해할 수 있는 말로 표현하였습니다. 그리고는 확실한 진리의 말씀 위에 자신의 삶과 사역의 기초를 다졌습니다.

하나님의 말씀에의 전적인 헌신

도슨은 말씀을 그대로 받아들였기 때문에 말씀 그대로 순종하는 삶을 살고자 했습니다. 그리하여 그는 개인적으로 상당한 대가를 치르면서 자기 훈련을 해야 했습니다. 왜냐하면 인간은 태어날 때부터 본성적으로 훈련을 싫어하기 때문입니다.

도슨은 죽는 그 순간까지 하나님의 말씀에 전적으로 헌신했습니다. 그래서 그는 다른 사람들도 그와 함께 전폭적인 헌신의 삶을 살 것을 요구했습니다. 도슨은 특별히 지역교회나 단체의 지도자들에게 이러한 도전을 강하게 했습니다. 왜냐하면 누가복음 12:48 말씀으로부터 제자삼는 사역에서는 어느 누구보다도 지도자들의 온전한 헌신이 필요함을 확신했기 때문입니다. "무릇 많이 받은 자에게는 많이 찾을 것이요…."

도슨은 자신은 물론 전 세계에 있는 모든 그리스도인들이 하나님 말씀의 보고에 담긴 풍부한 보물들을 캐낼 기회를 적극 갖도록 하는 일에 특히 열심이었습니다. 말씀의 향기가 삶의 모든 영역에 스며들어 말씀은 그의 승리의 삶의 비결이 되었습니다. 그의 전도와 새신자 양육은 철저히 성경에 근거했으며, 개인적인 양육을 통한 일꾼 배가의 개념도 사도 바울이 말한 디모데후서 2:2 말씀에서 얻은 것이었습니다. 교회 성도들은 전체 몸을 세우는 데 참여하여 진정한 의미의 봉사를 할 수 있는 제자들이 되어야 한다는, 교회에 대한 그의 비전도 성경 말씀을 토대로 한 것이었습니다(에베소서 4:11-12). 지상사명(마태복음 28:19-20)을 성취하는 것이 항상 그의 거대한 전략의 핵심이었습니다.

6
성령의 검을 들고

우리는 미 해군 전함 위에서부터 그들의 시간을
성경 말씀에 투자할 수 있도록 돕기 시작했습니다.
전쟁이 끝나 갈 무렵,
세계 도처 수십 개의 기지와 1,000여 척의 전함들에는
성실하게 주를 섬기며 증거하는 우리 형제들이 생겨났습니다.
나는 그들이 말씀 안에 거하고 말씀이 그들 안에 거하는
이 비밀보다 더 놀라운 비밀이 없다고 생각합니다.
하나님의 말씀은 그들의 삶 속에서 거대한 힘이 되어
그들로 어떤 말씀이나 다 그대로 행할 수 있게 해줍니다.
나는 성경이 남녀노소를 막론하고 모든 사람의 삶을
완전히 변화시킬 수 있다고 정말로 확신합니다.…
나의 삶도 성경으로 말미암아 완전히 변화되었습니다.
하나님의 거룩한 말씀인 성경이 내 마음에 들어온 이상
필시 나는 전과 똑같은 사람이 되지는 않을 것입니다.

도슨 트로트맨

말씀의 손 예화는 다른 사람들에게 성경 말씀을 스스로 섭취할 수 있도록 도와주고자 한 도슨의 강한 열망에서 나온 것이었습니다. 이 예화를 만들 때 그가 사용한 말씀 중의 하나는 아가서 3:8이었습니다. "다 칼을 잡고 싸움에 익숙한 사람들이라. 밤의 두려움을 인하여 각기 허리에 칼을 찼느니라."

풍부한 상상력을 지닌 도슨은 영적인 진리를 가르치는 데 도움이 될 만한 것이 없을까 생각하기 시작했습니다. 성경은 '성령의 검'이기 때문에 우리는 그것을 신령한 손으로 쥘 필요가 있다는 데 착안하게 되었습니다. 그리고 그 손의 다섯 손가락은 모두 다 검을 쥐는 데 각기 중요한 역할을 감당한다는 데까지 생각이 미치게 되었습니다.

검을 쥐는 방법

로이 로버트슨은 도슨이 코퍼스크리스티에서 '말씀의 손' 예화를 전해 주던 시절을 회상하면서 다음과 같이 술회하고 있습니다.

"어느 날 저녁 그는 우리 해군 성경공부에 참석하여 말씀의 손 예화를 가르쳐 주었습니다. 당시 그가 그 예화를 들려주던 모습을 나는 잊을 수가 없습니다. 그는 왼손으로 마치 그리스도의 군사가 손에 검을 쥐듯이 그의 까만 성경책을 집어 들었습니다.

당시 함께 모였던 삼십여 명의 군인들에게 설명하기를 왼손에 있는 네 손가락은 성경 말씀을 섭취하는 네 가지 방법을 의미한다고 말했습니다.

새끼손가락은 설교나 가르침을 통해서 말씀을 '듣는' 것을 나타낸다고 했습니다. 도슨은 듣는 것이 그리스도인의 성장을 위한 기초가 된다는 것을 성경을 인용하여 우리에게 상기시켜 주었습니다. '믿음은 들음에서 나며 들음은 그리스도의 말씀으로 말미암았느니라'(로마서 10:17). 또한 예레미야 22:29을 인용하였습니다. '땅이여, 땅이여, 땅이여, 여호와의 말을 들을지니라.'

그는 이어서 약손가락은 '읽기'를 나타내며, 공부하는 것과는 다르다고 설명해 주었습니다.

그리고 나서 가운뎃손가락을 가리키면서, 이것은 '공부'를 나타내며, 연구와 더불어 기록하는 것이라고 가르쳐 주었습니다. 계속해서 그는 성경공부를 나타내는 가운뎃손가락은 손의 안정과 균형을 유지해 준다고 강조했습니다. 그리고 나서 참석한 군인들에게 성경 주석이나 어휘 사전, 성구 사전 등을 먼저 보지 말고 성경 말씀을 '직접' 연구하라고 권면했습니다. 디모데후서 2:15에 의하면 하나님께 인정받기를 원하는 일꾼이라면 반드시 말씀을 깊이 파고들어 끊임없이 연구하지 않으면 안 된다고 했습니다.

집게손가락은 '성경암송'을 의미했습니다. '…주의 말씀을 내 마음에 두었나이다'(시편 119:11).

그리고 나서 도슨은 네 손가락에 대해 다시 복습했습니다. 듣기, 읽기, 공부, 암송. '이것들 모두는 성경에서 하도록 가르치고 있을 뿐 아니라 명령하고 있습니다.' 그때 우리는 말씀의 손 예화를 듣고 모두 깊은 감동을 받았습니다. 성경 말씀을 섭취하는 방법이 완전히 새롭게 다가왔기 때문입니다.

도슨은 다음과 같은 경고로 말씀의 손 예화를 마쳤습니다. "'묵상'에 해당하는 엄지손가락이 없이는 결코 칼을 바로 쥘 수가 없습니다. 여호수아, 다윗, 바울 등과 같이 성경에 나오는 위대한 하나님의 사람들은 치열한 전쟁에서 주님의 이름을 위해 목숨을 걸고 싸워 승리했던 용사들입니다. 그러나 그들 모두는 또한 영적 전쟁에는 무엇보다도 성령의 검, 즉 하나님의 말씀이 필요하다는 사실을 잘 알고 그 검을 항상 예리하게 갈고 닦았던 사람들입니다. 묵상은 말씀의 날을 날카롭고 예리하게 갈아 줍니다! 묵상이라는 말 속에는 학습 내용을 마음속에 가득 채우기 위하여 계속 되새긴다는 의미가 내포되어 있습니다. 암송한 성경 구절을 깊이 되새겨서 생활 속에 적용하는 것이 바로 묵상입니다.

엄지손가락은 다른 네 손가락들이 각기 제 역할을 다할 수 있도록 도와줍니다. 주먹을 쥘 때 엄지손가락이 다른 네 손가락 위에 자연스럽게 얹히는 것을 주목해 보십시오. 즉 묵상은 듣기, 읽기, 공부, 암송을 통해 얻은 것들을 잘 보존해 주며 그 힘과 영향력을 강화시켜 줍니다. 만약 당신의 손에서 한두 손가락 혹은 세 개의 손가락이 없어지거나 사용치 않음으로 인해 기능이 감퇴된다면, 그리스도의 군사로서 기능을 발휘하는 데 어떠한 영향이 미치겠습니까?'"

말씀의 손 예화는 해군들에게 말씀을 효과적으로 섭취하는 법을 가르치기 위해 고안되었습니다. 도슨의 창조적인 발상은 그들의 필요를 잘 채워 줄 수 있었습니다. 그는 계속해서 새로운 아이디어나 창조적인 방법을 찾았습니다. 날마다 그는 하나님께 나아가 사람들이 성경을 스스로 깨달아 갈 수 있도록 도와주기 위한 지혜를 달라고 간절히 기도했습니다.

성경 구절을 빨리 찾는 방법

도슨의 독창적인 아이디어 중의 하나는 '사다리'라고 알려진 성경 색인인데 그것은 전 세계적으로 유명하며, 초창기 네비게이토선교회의 특허가 되다시피 한 것입니다. 이것은 주일학교 아이들을 도울 때 그들을 하나님 말씀에 쉽게 접근할 수 있도록 하게 하기 위한 도슨의 노력에서 나온 것으로, 특별히 성경 구절을 빨리 찾을 수 있도록 도와주는 것입니다. 도슨이 6명의 아이들에게 로마서 6:23을 찾아보라고 했을 때, 한 아이는 10초, 어떤 아이는 20초, 또 다른 아이는 30초가 걸려 찾았고, 나머지 아이들은 아예 찾지도 못했습니다. 10초 만에 찾은 아이는 다른 애들이 찾을 때까지 기다리느라 지루함을 참지 못해서 계속 고무 밴드를 튀기고 있었습니다. 그래서 도슨은 방법을 달리해 봤습니다. "이 문제를 해결하기 위해 나는 주일학교 소년들에게 이제부터는 내가 성경 구절을 찾아서 읽겠노라고 말했습니다. 그렇지만 내심 이것이 최선이 아니라는 것을 잘 알았습니다. 물론 좋은 방법이 될 수는 있을지 몰라도 어쨌든 최선책은 아니었습니다."

여느 때와 마찬가지로 도슨은 이 문제를 하나님께 가지고 나아갔습니다. "이에 대한 지혜를 주님께 구합니다. 이것은 대단히 중요한 일입니다. 어떻게 하면 아이들로 하여금 시간 낭비 없이 곧바로 성경 구절을 찾게 할 수 있을까요?"

어느 날 도슨은 시편에 해당하는 부분에 검은 줄이 나 있는 것을 발견했습니다. 그때부터 시편을 찾을 때마다 그는 그 검은 줄을 보고 찾게 되었습니다. 그래서 그는 곧 그것을 확대 적용했습니다. "이런 식으로 시편을 쉽게 찾을 수 있다면, 이사야도 그렇게 할 수 있지 않겠는가? 그래서 나는 펜을 가지고 성경의 이사야 부분에 가는 금을 그었습니다. 다음에는 마태복음, 마가복음… 이런 식으로 해서 모든 성경에 다 금을 그었습니다. 그렇습니다. 해결책은 바로 이것이었습니다. 나는 아이들의 신약성경 책을 모아다가 신약성경 27권에 해당하는 27개의 금을 그어 주었는데, 그 금을 모두 연결하여 보니 사다리 모양이 되었습니다. 이제 그 사다리를 이용하게 됨으로써 성경 구절을 찾는 것이 재미있는 일이 되었습니다. 매주 성경 찾는 훈련을 하여 나중에는 그 꼬마 전문가들은 성경 구절 하나를 찾는 데 2-3초 이상 걸리는 일이 없었습니다."

도슨은 그들에게 성경을 학교에 가지고 다니도록 권했습니다. 그렇지만 그렇게 하기에는 문제가 있었습니다. 셔츠에 달린 호주머니에 넣고 다니려 하니 성경이 계속 밖으로 빠져 나와 다른 아이들이 칠칠치 못하다고 놀리는 것이었습니다. 도슨은 이 문제를 도와주려고 이번에는 성경책을 바지 뒷주머니에 넣고 다니라고 말해 주었습니다. 그러나 이번에는 그들이 야구를 하다 홈 플레이트에 슬라이딩이라도 하게 되면 성경책은 엉망이 되고 마는 것이었습니다.

어떤 담뱃갑을 보고 도슨은 이것에 대한 해결책을 생각해 냈습니다. 그것이 작은 신약성경을 넣어 가지고 다니기에는 안성맞춤으로 뒷주머니에 딱 맞았습니다. 한 아이가 그 갑에서 담배 냄새를 없애려고 양잿물에 넣고 삶았더니 페인트칠이 다 벗겨지며 크롬으로 된 자동차 범퍼처럼 번쩍번쩍 광이 났습니다. 소년들은 다 이렇게 광이 나는 곽을 갖고 싶어 했습니다. 그래서 도슨은 두세 소년에게 이것을 만들어서 다른 아이들에게 10센트씩에 팔도록 했습니다. 이렇게 해서 모두가 성경책을 학교에 가지고 다닐 수 있게 되었습니다. 야구를 하다 베이스에 슬라이딩을 해도 호주머니가 찢어지는 일은 있어도 성경책은 끄떡없었습니다.

이런 것들은 모두 도슨의 창조적인 아이디어에서 나온 것들이었습니다. 말씀의 손 예화, 사다리 색인, 주제별 성경암송, 체계적인 노트 사용 등은 초창기 네비게이토들의 특징이 되었습니다.

효과적인 성경암송법

성경암송은 하나님의 말씀을 우리 삶의 영원한 한 부분이 되게 해줄 수 있는 방법이었기 때문에 도슨은 이것을 매우 중요하게 여겼습니다. 그는 자기가 직접 암송을 해본 후, 다른 사람들도 당연히 암송을 해야 한다고 생각하게 되었습니다. 그는 자신의 첫 암송 시스템 개발에 대해 다음과 같이 설명했습니다. "성장하는 그리스도인이라면 누구에게나 필요하다고 생각되는 구절들을 뽑는 데 심혈을 기울였습니다. 모두 83구절이 되었습니다. 그 첫 구절이 내가 가장 좋아하는 사도행전 20:32입니다. '지금 내가 너희를 주와 및 그 은혜의 말씀께 부탁하노니, 그 말씀이 너희를 능히 든든히 세우사 거룩케 하심을 입은 모든 자 가운데 기업이 있게 하시리라.' 나는 이 암송 구절들이 인쇄된 암송 책자와 함께 서약서를 사람들에게 나누어 주었습니다. 암송 책자를 받은 사람은 즉시 동봉된 서약서에 서명을 해서 나에게 보내도록 되어 있었습니다. 서약서의 내용은 다음과 같았습니다. '이 암송 책자를 받자마자 나는 여기에 수록된 성경 구절들을 외워 나갈 것을 약속합니다. 이 약속을 어길 경우 어느 때라도 나는 이 암송 책자를 되돌려줄 것을 약속합니다.…'"

도슨은 이 시스템을 개발할 때 대단히 열정적으로 임했습니다. "이건 틀림없이 성공할 것입니다. 많은 사람이 이것을 찾을 것입니다. 일단 도전을 하고 나면, 그들은 나에게 편지로 요청해 올 것이고, 그러면 나는 그들에게 암송 책자와 서약서를 보내 줄 것입니다. 정말이지 암송 책자를 인쇄하는 데 투자한 60달러야말로 내가 지금까지 쓴 돈 중에서 가장 멋있게 쓴 돈입니다.…

83구절이 수록된 이 암송 책자는 호주머니나 지갑에 들어갈 만한 크기인데, 한 페이지마다 성경 구절 다섯 개가 적혀 있고 그 뒷면에는 그 장절들이 기록되어 있었습니다. 이것을 인쇄하던 사람이 이 성경 구절들이 너무 좋다고 하면서, 내가 주문한 것보다 2천 부를 더 찍어 천 부는 자기가 갖고 나머지 천 부는 나에게 덤으로 주었습니다. 결과적으로 그 사람과 나는 모두 3천 부의 암송 시스템을 만들어 가진 것이 되었습니다.

암송 책자들을 발송한 뒤 몇 주가 지나서 나는 그들이 어떻게 암송을 하고 있는지 점검해 보기로 했습니다. 그 무렵 나는 점검의 중요성과 약속에 대한 사람들의 태도에 대해 배우기 시작하던 터였습니다. 나는 우선 100명을 직접 만나거나 전화로 접촉했습니다. 83구절 중에 1/3 정도 마친 사람이 얼마나 되었을 것 같습니까?

딱 한 사람이었습니다. 그리고 약 열 명이 6-8구절 정도를 외웠습니다."

그러나 도슨은 쉽사리 실망하지 않았습니다. 그리스도인의 성장에 있어서 성경암송의 중요성에 대한 확신이 있었기 때문에, 포기하지 않고 계속 해나가면 하나님께서 그들로 암송을 계속하게 할 수 있는 방안을 보여 주실 것이라고 생각했습니다. 그는 사람들에게 어떤 것을 계속하게 하기 위해서는 동기력과 자극과 도움을 주어야 하며 또 그 방법을 보여 주어야 한다는 사실을 알고 있었습니다. 또한 누군가 옆에서 함께하면서 지속하도록 격려해 줄 사람이 필요하다는 사실도 새롭게 깨닫게 되었습니다.

이러한 필요들에 대한 해결책을 얻기 위해서 도슨은 영적으로 성장한 사람들을 주위에 모아서 그들에게 다음과 같은 질문들에 대해 함께 생각해 보도록 했습니다. "우리는 진정으로 성경암송을 원하는가? 원하지 않는다면 그 이유는 무엇인가? 원하고 즐기는데도 지속하기가 왜 그렇게 어려운가? 교회에 다니면서도 대개의 경우 성경을 잘 모르는 이유는 무엇인가?"

"예전에는 미처 깨닫지 못했던 여러 가지 문제가 많이 제기되었습니다"라고 도슨은 후에 회상했습니다. "무엇보다도 지역교회 교인들이 대부분 성경의 중요성을 깨닫지 못하고 있었습니다. 둘째로, 그들은 '이 성경은 대단히 중요하므로 꼭 정복하고야 말겠다'고 결심해 본 적이 없었습니다. 셋째로, 아마 가장 두드러진 현상일 텐데, 사람들이 아예 시작을 하려고 하지 않는다는 것입니다. 언젠가 앞으로 해야지 하고 생각할 뿐 지금 당장 시작하려고 하지는 않는 것이 문제입니다.

무슨 일이든 시작하는 데 뜸 들이는 시간이 가장 큰 낭비입니다. 그리고 일단 시작한 후에는 곁길로 가기 쉬운 것이 또 다른 문제입니다. 이것이 사탄의 가장 큰 무기 중의 하나입니다.… 좋은 것은 가장 좋은 것의 적이 됩니다. 내가 아는 많은 사람들이 거듭나면서부터 곁길로 들어서는 것을 봅니다. 힘이나 노력이 거의 들지 않는 작은 일에서 그러기 쉽습니다. 나는 많은 그리스도인들이 예수 그리스도를 위하여 쓰임받지 못하고 낙제생이 되는 이유가 바로 여기에 있으며 성경암송에 있어서도 실패하는 이유는 마찬가지라고 생각합니다.

우리 육신은 하나님의 일에 대해서 생각하기가 어렵습니다. 영적인 일에 집중하기가 힘든 것입니다. 우리의 두뇌는 생각하기를 꺼리는 경향이 있는데, 특히 영적인 문제에 대해서는 더욱 그렇습니다. 우리의 육신은 아늑하고 푹신한 의자에 앉아서 쉬기를 즐기고 꽃 침대에 누워 하늘을 날고 싶어 합니다. 나 역시 마찬가지입니다. 우리의 생활 속에는 쉽게 얻어지는 것들이 많이 있습니다. 그러나 암송을 통해 하나님의 말씀을 마음속에 간직하는 것은 그렇지 않습니다. 그것은 영적인 일이기 때문입니다. 영적인 일에는 반드시 수고가 따르는데, 육신은 힘든 것을 원치 않습니다. 그러나 그것은 가능한 것이며 우리는 그것을 할 수가 있습니다!"

온전히 무장될 수 있는 특권

도슨은 모든 사람이 선한 일을 위해 '온전히 예비'될 수 있는 특권을 가지고 있다고 믿었습니다. 그는 디모데후서 3:17의 필립스 역을 인용해서 말하곤 했습니다. "성경은 하나님의 사람을 모든 면에 다 무장시켜 줌으로써 주님의 일을 무엇이나 온전히 감당할 수 있게 해줍니다."

도슨은 사람들의 삶을 변화시키는 하나님의 말씀의 능력을 철저히 신뢰하였습니다. 그는 시골의 많은 젊은이들이 군에 입대하여 엄한 훈련과 함께 말씀의 영향을 받아 하나님의 군사가 되어 힘있게 살아가는 모습을 많이 보아 왔습니다.

도슨은 또한 토끼처럼 겁 많은 사람들도 하나님 말씀의 능력으로 사자처럼 담대한 사람들이 되어 자신의 변화된 삶을 다른 사람들과 함께 나누는 예를 수없이 보아 왔습니다. 술, 도박, 성의 노예가 된 수많은 사람들까지도 성경의 권위에 굴복하여 건전한 생활을 되찾고 직장인으로서 또는 선교사로서 그리스도를 위해 귀히 쓰임받는 그릇이 되기도 했습니다. 도슨이 도왔던, 웨스트버지니아호의 첫 다섯 해군들 중에 네 명이 이국땅에 선교사로 파송되었습니다.

'하나님께서 함께하시면 아무리 미약한 존재라 할지라도 큰 능력을 발휘할 수 있게 된다'는 것을 도슨은 확신했습니다. 그리스도와 그분의 말씀에 전폭 헌신한 자의 삶에는 이 말이 그대로 들어맞습니다. 도슨에게 영적인 도움을 요청해, 네비게이토 사역의 발단이 되었던 레스 스펜서의 생애가 그 대표적인 예입니다. "1932년 경제 대공황이 그 극에 달해 있을 때, 우리 집은 농장을 경영하고 있었기에 다행히 먹고사는 데는 어려움이 없었습니다. 그러나 아이들이 여섯이나 되는 가계의 수지 균형을 맞추기에는 너무 벅찼습니다. 당시 고등학교를 갓 졸업한 나는 일리노이의 조그만 읍에서 직장을 구한다는 것이 거의 불가능했기 때문에 해군에 입대하여 재정난을 덜어 보기로 결심했습니다. 입대한 지 얼마 안 되어 도슨 트로트맨을 만나게 되었고 이로부터 우리 둘은 끝없는 영적인 모험을 시작하게 되었습니다. 그것은 내 인생의 전환기였습니다. 도슨의 하나님을 향한 사랑, 영혼을 향한 사랑, 하나님의 말씀에 대한 열정이 나의 가슴속 깊이 파고들었습니다. 특히 말씀에 대한 그의 산지식 또한 결코 다른 사람에게서 찾아볼 수 없었던 매력이었고, 그 말씀을 사용하는 능력 또한 나에게는 신비롭기까지 하였습니다."

레스는 해군에서 전역한 후 오랫동안 미국의 주일학교 협회에서 봉사하여 풍성한 열매를 거두었습니다.

도슨이 강조했던 많은 기본적인 개념들은 새로운 것이 아니었습니다. 도슨이 태어나기 전부터도 사람들은 성경을 암송해 왔고, 수백 년 전부터 교회는 전도, 성경공부, 혹은 초신자 양육 등을 해왔습니다. 그러나 도슨은 이것들을 모두 종합해 새롭고 획기적인 방법을 만들어 냈던 것입니다. 또한 그는 언제나 여러 가지 자원으로부터 최선의 것을 선택할 줄 알았습니다. 그의 추진력과 창의력은 수백, 수천의 사람을 모든 선한 일을 행하기에 조금도 부족함이 없는 사람들이 되게 해줄 수 있었습니다.

어느 목사는 그에 대하여 이렇게 말했습니다. "도슨은 하나님의 성령에 사로잡혀 하나님의 말씀으로 하나님의 자녀 한 사람 한 사람을 질적으로 도와주었던 사람입니다. 저도 그 가운데 한 사람이 될 수 있었던 것을 주님께 감사드립니다!"

심령을 쏟아 붓는 설교가

도슨은 또한 디모데후서 4:2의 말씀대로 살아야 한다고 믿었습니다. "언제 어느 때든지 하나님의 말씀을 열심으로 전파하시오. 기회를 얻든지 얻지 못하든지, 또 그 시기가 좋든지 나쁘든지 열과 성을 다해 가르치시오"(현대어성경). 그에게는 이 구절이 "말씀에 깊이 잠겨 그 말씀이 당신의 삶을 사로잡게 해서 그 말씀을 다른 사람들에게 전파하는 데 전력하라"는 의미로 받아들여졌습니다.

도슨은 성경을 어떻게 암송하고 공부하는지에 대해서는 설교하거나 가르친 적이 별로 없었습니다. 그는 말씀 자체를 가르치고자 했고, 그가 말씀을 가르칠 때면 듣는 자들의 마음속에 말씀을 암송하거나 공부하고자 하는 동기가 강하게 일어나도록 했습니다. "이는 마음에 가득한 것을 입으로 말함이라"(마태복음 12:34). 그의 샘에는 생명수가 가득해 끊임없이 흘러넘쳤습니다. 도슨은 정통 설교학을 배워서 설교하지도 않았습니다. 그는 마치 그의 '심령을 쏟아 붓듯이' 생동적, 활력적, 창조적이고, 생명을 주며, 죄를 깨끗하게 해주고, 모든 그리스도인들의 양식이 되는 하나님의 말씀을 선포하곤 했습니다.

어느 장로교 목사로부터 온 다음의 편지를 보면 도슨의 설교가 듣는 자들에게 얼마나 놀라운 영향을 끼쳤는지 잘 보여 줍니다. "나는 1952년 피츠버그에서 열린 빌리 그래함 전도 집회에서 도슨을 처음 알게 되었습니다. 그 당시 나는 신학교를 갓 졸업한 상태였는데, 어느 장로님의 초대로 시내 중심부에 위치한 제일 장로교회에서 있었던 양육 세미나에 참석하게 되었습니다. 목요일 아침 6시 45분 그곳에 도착하여 보니 교회당은 도슨의 설교를 듣는 사람들로 꽉 차 있었습니다. 도슨은 손에 이상하게 생긴 시각 도구를 들고 있었는데, 후에 알고 보니 다름 아닌 온전한 그리스도인의 삶을 보여 주는 수레바퀴였습니다. 그때부터 나는 그가 가는 곳마다 따라다니며 그의 설교를 들었습니다. 어느 날 아침에는 10시도 되기 전에 세 번씩이나 그의 설교를 들었는데, 그 세 번째 설교를 듣고 나서야 나는 이 사람이 진리를 선포하고 있다는 확신을 갖게 되었습니다. 그래서 나는 그를 찾아가, '나는 조그만 교회 목사인데 도움을 좀 주십시오'라고 용기를 내어 말했습니다.

그는 나를 보며 나이를 물었습니다. 그래서 나는 '스물다섯'이라고 답했습니다.

'놀랍군요! 우리는 진심으로 하나님의 일에 드려지기를 원하는,

바로 당신 나이 또래의 젊은이들을 보내 달라고 하나님께 기도해 왔습니다.'

그래서 나는, '트로트맨 선생님, 저는 진심으로 그렇게 되기를 원합니다'라고 말했습니다.

나는 이 사람에게서 하나님을 알며 또 하나님의 뜻이 무엇인지 알고자 하는 진실된 마음이 있음을 보았습니다. 그는 주님을 배우며 주님의 뜻을 행하는 일에 일생을 바쳐 온 사람이라는 것을 곧 느낄 수 있었습니다. 나는 그와 같은 사람을 만나 본 적이 별로 없었습니다. 그는 성경 말씀을 하나님께서 실제로 그에게 들려주시는 음성으로 여겼으며, 또 그 말씀대로 순종하기를 힘썼습니다. 이와 같은 순종이 있었기에 그는 더욱 능력 있게 하나님의 말씀을 사용할 수 있었습니다.

그의 확신 있는 말씀 선포와 많은 사람들을 그리스도께로 인도하는 삶은 나에게 큰 감명을 주었습니다. 단지 사람들로 하여금 구원받도록 그리스도께 인도하는 정도가 아니라 영적인 재생산이 일어날 수 있도록 그들을 훈련시킬 줄 알았던 그는 목사인 나에게 엄청난 도전을 주었습니다."

7

사람 낚는 어부

주 여호와의 신이 내게 임하셨으니
이는 여호와께서 내게 기름을 부으사
가난한 자에게 아름다운 소식을
전하게 하려 하심이라.
나를 보내사 마음이 상한 자를 고치며
포로 된 자에게 자유를,
갇힌 자에게 놓임을 전파하며…
무릇 시온에서 슬퍼하는 자에게
화관(花冠)을 주어 그 재를 대신하며
희락의 기름으로 그 슬픔을 대신하며
찬송의 옷으로 그 근심을 대신하시고
그들로 의의 나무
곧 여호와의 심으신바
그 영광을 나타낼 자라
일컬음을 얻게 하려 하심이니라.
이사야 61:1,3

1920년대의 미국 경제는 호황이었습니다. 특히 캘리포니아의 주택 경기는 태양과 오렌지의 땅으로 몰리는 사람들로 말미암아 그야말로 대호황을 이루었습니다. 이런 상황이라 도슨은 로미타에서 손쉽게 제재소에 취직할 수 있었습니다. 그곳 노무자들은 거칠고 투박하기가 이를 데 없었고 점심시간만 되면 카드놀이로 도박판을 벌이고 음담패설을 즐겼습니다. 그들은 매주 복음을 전하러 그곳에 오는 한 평신도 전도자를 조롱했습니다. 그러나 그 전도자는 그들의 비웃음에도 불구하고 끝까지 복음을 전하곤 했습니다.

　도슨은 복음을 전하는 그 사람을 찾아가 갓 태어난 그리스도인이라고 자신을 소개할까 생각하기도 했지만 주위 동료들이 자기를 놀릴까 봐 주저했습니다. 조그만 일이었지만 도슨은 갈등이 되었습니다. 왜냐하면 그는, 일어나 그리스도의 편에 서서 그의 믿음을 분명하게 드러내기를 하나님께서 원하신다는 것을 알았기 때문입니다. 계속 갈등하다가 두 주일 후에야 도슨은 담대히 일어나 그 전도인에게 자신을 소개하고 악수할 수 있었습니다.

　후에 도슨은 "저도 당신과 같은 담력과 추진력과 결단력만 있으면 적극적이고 담대한 그리스도인이 될 수 있을 텐데요"라고 말하는 사람들을 종종 만나곤 했습니다. 그럴 때면 도슨은 다음과 같은 말로 그들의 생각을 바꾸어 주었습니다. "당신 앞에 서 있는 이 사람은 이 세상에서 가장 겁 많고 연약한 그리스도인입니다. 저는 두 주간 동안이나 매일 용기를 달라고 기도하고 나서야 복음을 전하는 그 사람에게 다가가 악수할 수 있었습니다."

점차 시간이 지나가면서 도슨의 마음속에는 하나님께서 그가 다른 사람들에게 그의 간증을 나누기를 원하신다는 확신이 들었습니다. 그러나 도슨은 하나님께서 원하시는 것은 무엇이든지 다 하겠다고 했으면서도 계속 머뭇거렸습니다. "주님, 순종하게 해주십시오"라고 그는 기도했습니다. 3주일간에 걸친 기도와 갈등 끝에 그는 결국 굴복하고 주님께 '예'라고 말씀드릴 수 있었습니다. 그 다음 주 게시판에는 다음과 같은 공고문이 나붙어 있었습니다. "돌아오는 목요일 정오 정문에서 땅딸이 트로트맨의 간증이 있습니다." 나중에는 그 일이 비록 대수롭지 않은 일이었을지도 모르지만, 당시 도슨에게는 이렇게 하나님께 순종하는 것이 극히 중요했습니다. 도슨은 이렇게 말했습니다. "그때 내가 그 결정을 하지 않았더라면, 그리스도인으로서 나의 일생은 크게 달라졌을 거라고 생각합니다."

목요일 정오가 되어 도슨은 모든 근로자 앞에 연사로 나서게 되었습니다. 그는 자신의 간증을 간단히 나누었습니다. 경찰에 체포된 일, 그 다음 주 일요일 밤에 교회에 나가기로 했던 결심, 그리고 교회에서의 성경암송 대회 등등에 대한 이야기를 나누었습니다. 그리고 나서 그는 장절과 함께 자기가 암송했던 말씀을 나누었습니다. 그가 나눈 성경 구절은 모두 열 구절이었습니다. 말씀 암송과 함께 간증을 마치자 점심시간이 끝나 가고 있었습니다.

사람을 낚는 어부

이 일을 시작으로 해서 그는 나머지 30년의 생애를 세계 도처에서 그리스도를 증거하는 일에 바치게 되었습니다.

그러나 그는 자기가 살고 있는 캘리포니아의 로미타에서부터, 그리고 자기가 날마다 일하는 제재소에서부터 복음을 증거하기 시작했습니다.

초기 하나님과 동행하던 시절부터 도슨이 주로 역점을 두어 왔던 것은 전도였습니다. 잃어버린 영혼을 향한 그의 뜨거운 사랑은 날이 갈수록 점점 더 깊어져 갔습니다. 이를 위해 그는 할 수 있는 것은 무엇이든 다 했습니다. 처음에는 롱비치에 있는 어부클럽에서 간증을 나누었습니다. 그곳에는 '파이크'라는 유명한 공원이 있었는데, 이곳은 해군들이 휴식을 취하러 즐겨 찾던 곳이었습니다. 거기서 도슨은 수백 명의 해군을 접촉했습니다. 그리고는 그곳 음악당에서 야외 집회를 마련하여 자신의 간증이나 다른 신자들의 간증 혹은 설교 등을 통해서 그리스도를 증거하곤 했습니다.

당시 찰스 풀러 박사가 롱비치에 있는 시립 대강당에서 '부흥의 시간'이라는 전 세계인 프로그램을 방송하고 있었는데, 도슨과 그의 동료들은 이 전략적인 전도의 기회를 놓치지 않고 잘 활용했습니다.

1940년 6월에 남긴 그의 기록을 보면, "사람을 낚는 것과 고기를 낚는 것에는 차이가 있다. 고기를 낚는 것은 살아 있는 고기를 낚아 죽이게 되지만, 사람을 낚는 것은 죽은 사람을 낚아 살리는 것이다"라고 했습니다.

그는 생계유지를 위해 직장 생활을 계속하면서도 주마다 40-50시간을 전도하는 데 드렸습니다. 그는 자신의 삶을 결코 주위 세상으로부터 격리시키지 않았습니다. 교회에서 새신자 양육에 열심히 드리면서도 그는 믿지 않는 사람들을 그리스도께로 인도하는 일에 늘 깨어 지냈습니다.

당시 그는 날마다 구원받지 못한 사람 한 사람 이상에게 복음을 전하지 않고는 잠자리에 들지 않겠다고 결심을 하고 실제 그렇게 실행했습니다. 그래서 어떤 경우에는 잠자는 시간을 내서 복음을 전해야 하기도 했습니다.

"어느 날 밤 11시 30분 잠자리에서 무릎을 꿇고 기도하려고 하는데, 그날 한 사람에게도 그리스도를 전하지 않았다는 것을 알게 되었습니다. 그때 나는, '주님, 오늘은 한 사람에게도 전도를 하지 못했습니다. 그 대신 내일은 두 명을 하겠습니다'라고 기도한 후, 잠자리에 누웠으나 잠이 오질 않았습니다. 나는 곰곰이 생각해 보았습니다. '이런 식으로 하루를 적당히 넘기면 앞으로도 이런 일은 계속 되풀이될 것이다. 1cm를 양보하면 사탄은 1km를 끌고 갈 것이다.'

그래서 나는 당장 일어나 옷을 걸친 후 차를 몰고 나갔습니다. 그리고 '주님, 오늘 밤 한 영혼을 만나게 도와주십시오'라고 기도하였습니다.

그때 도슨은 통근 기차를 방금 놓치고 서 있는 한 사람을 목격했습니다. 그래서 그 사람 앞에 차를 세우고 태워 줄 테니 타라고 했습니다. 그러자 그 사람은 차에 오르더니 어디까지 가느냐고 물어보았습니다. 도슨이 "정확히 당신이 가는 곳까지 갑니다"라고 대답하자 그 사람은 어안이 벙벙해졌습니다. 그래서 도슨은 곧 본론으로 들어갔습니다.

"사실은 말이죠. 조금 전에 나는 잠을 자려고 누웠다가 다시 이

사람 낚는 어부 103

렇게 나왔습니다. 다시 돌아가 잠을 자고 싶은데, 그러기 위해서는 먼저 해야 될 일이 한 가지 있습니다. 나는 그리스도의 놀라운 소식을 최소한 하루에 한 사람 이상에게 전하기로 했는데, 오늘 그렇게 하지 못했다는 것을 잠자리에 누워서야 알았습니다. 그래서 잠자리를 박차고 나오게 되었고 이렇게 당신을 만나게 된 것입니다. 이제 복음을 전해도 되겠지요? 내가 집에 돌아가 잠잘 수 있도록 말입니다." 그러자 그 사람은 웃음을 터뜨리며, "물론이죠" 하면서 쾌히 승낙을 했습니다.

얼마 동안 대화를 나눈 후, 그 사람은 마음 문을 열었습니다. 자기도 하나님을 알고 싶다고 했습니다. 또한 자기도 전에 교회에 나가려고 몇 번 시도한 적이 있었는데, 마음에 와 닿는 게 없어 그만두었노라고 했습니다. 그는 그리스도를 영접할 마음의 준비가 되어 있었습니다. 그리하여 한밤중에 그 사업가는 예수 그리스도를 개인의 구주로 영접하였고, 그날 밤 도슨은 곤하긴 했지만 사람 낚는 어부로서 기쁘게 잠자리에 들 수 있었습니다. 도슨은 자신이 내건 슬로건대로 산 사람이었습니다. '모든 그리스도인은 훌륭한 증인이 될 수 있고, 모든 불신자는 천국에 들어갈 후보자다.'

전도에 대한 도슨의 헌신의 동기는 한마디로 사랑이었습니다. 도슨 자신이 예수 그리스도를 열렬히 사랑했으며, 또한 성경의 약속이나 명령들을 사랑했고, 영혼들을 극진히 사랑했습니다. 이 사랑으로부터 그의 온유함과 긍휼, 열정이 비롯되었습니다. 도슨은 철저히 그리스도 중심의 삶을 살았습니다. 그는 무엇이든지 하나님의 영광을 가리는 일은 결코 허용하지 않았습니다. 그의 인생의 최대 목표는 하나님을 영화롭게 하는 것이었습니다.

평범한 사람들을 향한 사랑

전도에 있어서나 제자 훈련에 있어서나 도슨의 주된 관심은 한 사람 한 사람 각 개인에게 가 있었습니다. 그래서 어떤 사람들은 그가 교회에 대해 비판적이라고 오해하였습니다. 그는 물론 어떤 영역에서는 좀 더 나은 발전을 위해 교회의 부족한 점을 지적하기도 했습니다. 특별히 개인적인 양육이나 제자 훈련을 등한시하는 것에 대해 경종을 울렸습니다. 그렇다고 해서 그가 교회에 대해 비판적이거나 반교회주의자였던 것은 결코 아닙니다. 오히려 그는 그리스도의 몸 된 교회를 너무도 사랑하고 아꼈습니다. 또한 '모든 그리스도인이 제사장'이라는 것에 대해 강한 확신을 가지고 있었으며, 모든 그리스도인이 제사장으로서의 특권과 책임을 가지고 있음을 강조하였습니다.

많은 사람들이 개인에 대한 도슨의 관심과 사랑을 금방 느낄 수 있었습니다. 어느 해군 병사는 이렇게 회상했습니다. "내가 처음 도슨을 소개받았을 때, 그는 내게 개인적인 관심을 보여 주었습니다. 나는 일개 수병에 불과한 사람이었습니다. 그는 나를 잘 알지도 못했지만, 개인적으로 매우 깊은 관심을 가지고 대해 주었습니다. 그것은 참으로 따뜻하고 우호적이며 진지한 관심이었습니다.

도슨은 종종 오클랜드에 오곤 했는데, 그때마다 내게 전화를 걸어 호숫가로 나와 함께 기도하자고 했습니다. 그 많은 사람들 중에서 왜 유독 나에게 그런 관심을 보여 주는지 이해할 수가 없었습니다. 그는 내가 스스로에 대해 생각하는 것보다 더 많은 것을 내가 할 수 있다고 믿었습니다. 그는 나를 신뢰했고, 결코 나를 내리깎는 말을 하지 않았습니다. 그러한 그의 태도가 나로 하여금 실제로 더 큰 능력을 발휘하도록 도와주었습니다. 도슨은 내가 내 자신에게 기대하는 것보다 더 많은 것을 기대했고, 그 기대는 실제 이루어졌습니다. 도슨을 만나지 않았더라면, 내게 그런 일은 일어날 수 없었을 것입니다."

도슨은 개인 전도가 교회 안에서 직분이 무엇이든 모든 그리스도인들의 특권이요 의무라고 생각했습니다. 전도를 위해 무슨 특별한 영적 은사가 필요하다고는 생각지 않았습니다. 그리스도인이면 누구나 전도할 수 있다고 생각했습니다. 그는 자주 고린도전서 1:26-29을 인용하여 이 점을 강조하였습니다. "형제들아, 너희를 부르심을 보라. 육체를 따라 지혜 있는 자가 많지 아니하며, 능한 자가 많지 아니하며, 문벌 좋은 자가 많지 아니하도다. 그러나 하나님께서 세상의 미련한 것들… 세상의 약한 것들… 세상의 천한 것들과 멸시받는 것들과 없는 것들을 택하사 있는 것들을 폐하려 하시나니, 이는 아무 육체라도 하나님 앞에서 자랑하지 못하게 하려 하심이라." 이 말씀을 근거로 해서 도슨은 가끔 다음과 같이 말했습니다. "나는 특별한 은사를 가진 사람들에게만 말씀드리는 것이 아닙니다. 평범한 그리스도인들을 향해 드리는 말씀입니다. 솔직히 말씀드려 평범한 사람들이 어떤 면에서는 특별한 은사를 받았다는 사람들보다 훨씬 더 이 일을 잘 감당할 수 있다고 생각합니다."

도슨은 평범한 사람들을 사랑했습니다. 자기 자신도 지극히 평범한 그리스도인 중의 하나라고 믿었기 때문입니다. 다른 사람들을 받는 그의 태도는 항상 신선한 감동을 주었습니다.

도슨은 대부분의 그리스도인들이 특별히 전도하는 면에서 자신의 능력을 제대로 발휘하고 있지 못하다고 생각했습니다. 그래서 그는 사람들이 스스로에 대해 크게 생각할 수 있도록 자신감을 불어넣어 주었습니다. 그의 친구 중 한 사람이 다음과 같이 이야기한 적이 있습니다. "도슨은 참으로 내가 중요한 존재라고 믿어 주었습니다. 그는 내가 지금보다 더 큰 일을 할 수 있다고 믿었습니다. 또한 그렇게 할 것을 내게 기대하며 나를 돕기 시작했습니다. 그 당시 그는 내가 하나님을 위해 큰일을 할 수 있다는 꿈을 내 마음에 불어넣어 주곤 했습니다. 이것은 나로 하여금 조금이라도 더 높고 뛰어난 수준의 삶을 위해 노력하게 해주었습니다. 예순 살이 된 지금에 와서도 내가 포기하지 않고 더욱더 진보하기를 열망하며, 또한 생에 대해서도 긍정적이고 적극적으로 생각하게 된 커다란 이유가 바로 오래 전에 도슨이 나의 삶 속에 심어 준 영향 때문입니다."

마태복음 4:19은 도슨에게 있어서 개인 전도의 열쇠가 되는 말씀이었습니다. "말씀하시되, '나를 따라오너라. 내가 너희로 사람을 낚는 어부가 되게 하리라.'" 그는 이 말씀을 다음과 같이 세 부분으로 나누어 생각했습니다. '고기가 있는 곳으로 가서, 올바른 장비를 사용해, 올바른 태도와 방법으로 고기를 낚으라.' 올바른 태도와 방법은 '나를 따르라'는 주님의 명령에 순종할 때에라야 비로소 쓸 수 있습니다.

도슨은 전도를 위한 주요 장소로 그의 가정을 즐겨 사용했습니다. 그는 아내와 자녀들을 사랑했고, 집에서 요리한 맛있는 음식을 가족들이 오붓하게 먹는 시간을 좋아했습니다. 그러나 그는 자신의 삶뿐 아니라 자신의 가정도 하나님께 드려야 한다는 사실을 깨달았습니다. 그래서 그는 끊임없이 사람들을 집에 초대해 식사를 나누며 전도하였습니다. 대개는 아내에게 미리 알렸지만 어떤 때는 갑자기 사람들을 데려왔습니다. 그러나 라일라는 전혀 당황하지 않았습니다. 도슨은 그들의 가정을 주님의 사역을 위해 드리게 된 것에 대해 이렇게 말했습니다. "결혼 초 나와 아내는 이사야 60:11 말씀을 우리 가정의 모토로 삼기로 했습니다. '네 성문이 항상 열려 주야로 닫히지 아니하리니…' 우리는 결혼한 지 3일 만에 가정을 개방했습니다. 왜냐하면 이틀 동안은 신혼여행을 다녀왔기 때문입니다. 얼마 되지 않아서 한 해군이 처음으로 우리 가정을 통해 주님께 자신의 생애를 드리기로 했습니다. 그 후 계속해서 전국 48개 주 각처에서 온 젊은이들이 우리 가정을 통해 주님을 배우게 되었습니다. 처음 약 6개월 동안은 늘 해군들이 드나들었기 때문에 아침이나 저녁식사를 단둘이서 해본 적이 거의 없었습니다. 가정이야말로 이 세상에서 가장 위대한 구원의 산실 가운데 하나라고 믿습니다."

성경암송은 전도에서 계속적인 효력을 나타냈습니다. 어느 날 저녁 여느 때처럼 모두 식사를 마친 후 식탁에 둘러앉아 각기 자기가 암송한 말씀들 중에서 가장 좋아하는 구절을 돌아가며 나누고 있었습니다. 그들과 자리를 함께하고 있던 해군이 자기가 외우고 있는 유일한 구절인 요한복음 3:16을 막 암송하려고 하는데, 바로 옆에 앉아 있던 도슨의 네 살 난 딸 루스가 그만 그 구절을 암송해 버리고 말았습니다. 그가 암송할 말씀을 바로 꼬마 루스에게 빼앗기고 만 것입니다.

몇 주일이 지난 뒤 도슨은 그 해군으로부터 편지 한 통을 받았습니다. 편지 내용인즉, 초대에 감사했다는 것과 그날 밤 배에 돌아갔을 때 루스가 암송한 요한복음 3:16 말씀이 귀에 쟁쟁하더니 갑자기 "저를 믿는 자마다 멸망치 않고 영생을 얻게 하려 하심이니라"는 말씀을 통해 자기가 그러한 축복된 무리에 포함된다는 사실을 처음으로 깨닫게 되었다는 것이었습니다. 그는 과거에 하나님께서 값없이 주시는 사랑을 받아들이지 못했는데 그때야 비로소 자신의 죄를 뉘우치고 침대 곁에서 무릎을 꿇고 그리스도를 마음에 영접하게 되었다고 했습니다.

증거에 대한 두려움을 극복함

개인적으로 전도를 한다는 것이 결코 그렇게 쉬운 문제는 아닙니다. 다른 사람에게 우리 주 예수 그리스도를 통해 하나님과 올바른 관계를 맺는 방법을 전해 주려면, 먼저 지속적인 기도와 말씀을 섭취하는 일에 시간을 투자해야 합니다. 아무리 하나님께서 보호해 주시고 영감을 주신다 할지라도 인간적인 두려움과 염려가 뒤따르는 게 보통입니다. 영적으로 성숙한 후였지만 도슨도 이러한 두려움을 고백한 적이 있습니다. "때때로 나는 주님께 한 영혼을 달라고 기도하기가 두렵습니다. 왜냐하면 내가 구하면 주실 것이고, 그러면 나는 더 바빠지리라는 것을 알기 때문입니다. 그리고 주님을 믿은 지 29년이 되었지만, 나는 아직도 다른 사람에게 구원의 복음을 전하기가 두렵기는 마찬가지입니다.

그렇게 오랫동안 개인 전도를 해왔는데도 불구하고, 그러한 두려움이 내 마음속에 자리 잡고 있다는 사실이 나를 괴롭혔습니다. 그런데 그러한 두려움이 오히려 '나의 힘이나 능으로가 아닌 성령의 힘'(스가랴 4:6 참조)을 의지하도록 상기시켜 주는 경보 신호에 불과하다는 것을 깨닫게 되었습니다. 전도에 특별한 능력이 있는 사람이라 할지라도 자기 혼자 힘으로 이 일을 감당할 수는 없습니다. 반드시 주님의 도우심이 필요합니다."

전도할 기회를 달라고 기도할 때, 뜻밖의 경험을 하게 되는 경우가 종종 있습니다. 한번은 도슨에게 이런 일이 있었습니다. "나는 어느 날 전도를 위해 기도했습니다. 그리고 나서 사람을 찾기 시작했습니다. 나는 그 당시 구식 자동차를 몰고 다녔습니다.… 차를 몰고 가다 로스앤젤레스의 고속도로상에서 자기가 가려는 방향의 차를 만나면 신세를 지려고 기다리고 있는 한 사람을 발견했습니다. 나는 계속해서 앞만 바라보고 달려가다 마침 빨간 신호등에 걸려 차를 멈춰야 하는 순간이었습니다. 곁눈질로 그 친구를 훑어보니 덩치가 크고 거칠게 보여 그냥 지나쳐 가려고 작정했습니다. 그런데 그는 나를 향해 계속 손을 흔들어 대는 것이었습니다. 얼른 빨간 불이 파란 불로 바뀌었으면 좋겠는데, 바뀔 줄을 몰랐습니다. 그 기다리는 시간이 어찌나 길게 느껴지던지, 한 30분은 흐른 것처럼 여겨졌습니다. 나는 그 친구가 이젠 포기했으려니 생각하고 그쪽을 바라보니 그는 나를 뚫어지게 응시하고 있었습니다. 하는 수 없이 나는 그 친구를 차에 태울 수밖에 없었습니다. 그가 차에 올라타자마자 나는 그에게 전도용 소책자를 건네주었습니다. 그는 그것을 다 읽고 나더니 나에게 도로 돌려주었습니다.

'어떻게 생각하십니까?' 내가 질문하자, 그는 '예, 좋은 내용이군요'라고 대답했습니다. 나는 그의 대답에 놀라서 '당신은 그리스도인이군요!'라고 말했습니다.

'아닙니다. 나는 아직 그리스도인이 아닙니다. 실은 두 주간 동안을 이 길 저 아래쪽에서 열렸던 전도 집회에 매일 밤 참석했는데, 아무래도 전 할 수가 없어요. 매일 저녁 초청에 응하여 앞에 나가려고 해봤지만 아무래도 할 수 없을 것 같아서 그만…'

'무엇을 할 수 없다는 말인가요?'라고 내가 질문했습니다.

그는 '뭔가 해야 될 것이 있지 않나요?'라고 반문했습니다.

그래서 나는 길옆에 차를 세우고 그를 향해서, '보십시오. 당신에게 정말 기쁜 소식이 있습니다. 누군가가 벌써 해주셨습니다'라고 말했습니다. 당시 그에게 필요했던 것은 무엇을 하라는 말이 아니고 단순한 복음 그 자체였습니다. 그 자리에서 그는 그리스도를 자신의 구세주로 모셔 들였습니다.

내가 무엇을 했는지 아십니까? 처음 그를 보았을 때 나는 하나님께 억지를 쓰고 있었습니다. 그 거칠고 우락부락한 사람을 봤을 때 나는 그가 '도저히 회개할 것 같지 않고, 믿지 않을 사람'이라고 생각했습니다. 그러나 그것은 내가 할 일이 아니었습니다. 나에게는 어떤 사람이 주님을 영접할 것인지 아닌지를 결정할 권리가 없습니다. 내가 해야 할 일은 단지 복음을 전해서 스스로 결정하도록 하는 것입니다."

때때로 복음을 전하는 '방법'에 문제가 없지는 않았습니다. 전도에 대한 열정이 과한 나머지 때로 무리한 일들이 일어나기도 했습니다. 그는 자기 아버지에게 그리스도를 믿게 하려고 애쓰다가 도리어 아버지의 노를 산 적도 있었습니다. 그의 아버지는 그에게 이렇게 말했습니다. "듣거라, 도슨! 네가 믿는 것은 다 좋다. 그러나 나를 설득하려고 하지는 말아라. 듣고 싶은 마음이 생기면 너를 부르도록 하겠다."

도슨이 영적인 문제에 대해서 다시 아버지와 이야기를 나누기 위해서는 23년을 기다려야 했습니다. 결국 77세 되던 해에 그의 아버지는 주님께 돌아왔습니다.

"나는 좀 더 일찍 아버지를 주님께 인도할 수도 있었다고 생각합니다"라고 도슨은 회상하면서 말을 이었습니다. "내가 너무 강요하다시피 했기 때문에 아버지는 복음에서 더 멀어지게 되셨던 것입니다. 그런데 아버지께서 주님께 돌아오신 계기가 되었던 것은 나의 삶이나 우리 집에 드나드는 해군들의 삶에 나타난 변화를 보신 것이었습니다. 나중에 알게 된 사실은, 그 이후로 나는 복음 전할 기회를 계속 기다려 오고, 아버지께서는 내가 복음 들려주기만을 계속 기다리고 계셨던 것입니다. 아버지께서는 전에, '듣고 싶은 마음이 생기면 너를 부르도록 하겠다'고 하셨던 말씀은 까맣게 잊고 계셨던 것입니다."

도슨은 회심한 직후 로미타에 있는 그의 교회의 중고등부 사역에 뛰어들어 열심히 그리스도를 전했습니다. 모임이 끝나면 학생들을 집에 데려와서 개인적으로 그리스도와의 관계에 대해 일깨워 주곤 했습니다.

"너는 진정한 그리스도인이라 생각하니?" 주일학교 저녁 집회가 끝난 뒤 도슨은 13살 된 어느 여학생에게 질문했습니다. "저는 태어나면서부터 교회에 다녔어요"라고 자신 있게 대답했습니다.

"나의 질문은 네가 얼마나 오랫동안 교회에 다녔느냐는 게 아니고, 네가 진정한 그리스도인이냐 하는 것이야."

"저는 세례도 받았는걸요"라고 이번에는 좀 자신 없는 말투로 대답했습니다.

"그래서 너는 그리스도인이 되었니?"라고 다시 다그쳐 물었습니다.

그는 결국 그 학생에게 복음을 설명해 주고 어떻게 하면 그리스도를 영접하여 영생을 얻을 수 있는지 말해 주었습니다. 그 학생, 곧 라일라 클레이턴은 그날 밤 새벽 두 시까지 그 문제를 가지고 깊이 생각하다가 결국 침대 곁에 무릎을 꿇고 그리스도를 영접했다고 나중에 이야기한 바 있습니다.

그녀는 비록 어리긴 했지만, 놀랍게 변화되기 시작했습니다. 우선 성경암송을 하기로 했고, 주님과의 교제를 위해 날마다 기도 시간을 갖기로 결심했습니다. 그녀는 또한 도슨이 행하고 가르쳤던 삶의 훈련에도 기꺼이 자신을 드렸습니다.

18세 때 그녀는 도슨 트로트맨의 아내가 되었는데, 주님께 대한 헌신을 통해 그녀는 남편 도슨에게 없어서는 안 될 생의 반려자가 될 수 있었습니다. 주님과 주님의 사역은 언제나 두 사람 모두에게 최고의 우선순위를 차지해, 두 사람은 의도적으로 서로를 두 번째 위치에 놓기를 힘썼습니다.

도슨은 마땅히 그리스도인은 언제나 이웃, 친구, 친척들에게 복음의 손길을 뻗쳐야 한다고 믿었습니다. 그는 그의 아내를 구세주께로 인도하는 귀한 특권을 누린 셈입니다.

그레이엄 티닝은 전도에 대한 도슨의 열정을 다음과 같이 이야기했습니다. "그는 가는 곳마다 그리스도를 전파했으며 자신의 믿음의 삶에 대해 간증했습니다. 믿음과는 전혀 무관하던 그가 주님을 영접한 후 강하고 도전적인 믿음의 사람으로 변화되었습니다. 그 당시부터 이미 도슨은 어느 그룹에서나 영향력 있는 존재로 알려졌습니다. 그가 쓰는 언어가 대개 표준 영어는 아니었지만 누구나 도슨의 생각하는 바와 또 왜 그렇게 생각하는지를 이해하는 데는 불편이 없었습니다."

변명을 용납하지 않음

핑계를 대며 주님을 증거하지 않는 사람들에 대해 도슨은 가차없이 다음과 같이 말했습니다. "사람들은 그리스도를 전파하지 못하는 것에 대해 항상 핑계를 댑니다. 그들은 능력이 부족하다느니,

지혜가 없다느니, 말주변이 없다는 식으로 구실을 댑니다. 그러나 하나님께서는 그리스도인이 이처럼 연약한 가운데 어떤 일을 하는 것을 원하시지 않습니다. 성경에 '내게 능력 주시는 자 안에서 내가 모든 것을 할 수 있느니라'(빌립보서 4:13)고 했습니다.

나는 최근에 영국을 방문한 적이 있는데, 그곳에서 맹인이며 동시에 다리가 불구인 스튜어트 형제와 대화를 나눈 일이 있습니다. 그는 헤링게이에서 개최됐던 빌리 그래함 전도 집회 때 주님을 영접했습니다. 그런데 맹인이자 절름발이인 그가 무엇을 하고 있는지 아십니까? 그가 지하철에 오르면 사람들은 그가 불구임을 알고 자리에 앉는 것을 도와준다고 합니다. 그때 그는 성경을 그들에게 건네며 '실례지만, 제게 요한복음 3장을 좀 읽어 주시겠습니까?'라고 요청하든지 혹은 성경암송 지갑에서 암송 카드를 꺼내어 주면서, '죄송하지만, 이 말씀을 좀 읽어 주시겠습니까?'라고 하는 식으로 복음을 전하는 것입니다. 하나님께서는 전심으로 자기를 향하는 자를 위하여 능력을 베푸십니다. 그 사람의 신체적인 결함까지도 사용하실 수 있으십니다.

마음을 편히 가지십시오. 자신을 대단한 사람으로 꾸미려고 하지 마십시오. 당신 혼자 힘으로 뭔가를 이루겠다고 애쓰지 마십시오. 다만 주님께서 하시도록 당신을 내어 맡기십시오. 어떤 조작이나 아첨의 말도 필요치 않습니다. 상대방의 말을 막으려고 애쓰지도 마십시오.… 주님께서 유익한 길로 이끄시도록 온전히 맡기십시오. 왜냐고요? 영원하신 하나님께서는 우리의 실수나 죄, 허물로 말미암아 흔들리시는 분이 아니기 때문입니다. 어떤 자료나 도구가 없다고 뜻을 굽히시는 분이 아니기 때문입니다. 그분은 언제나 당신을 주야로 감찰하고 계시며, 당신의 모든 것을 인도하실 것이기 때문입니다."

도슨은 완전주의자였기 때문에 그와 동역하던 사람들에게도 철저한 태도를 요구했습니다. 이것은 자기 자신의 일 처리에서도 마찬가지였으며, 어떤 일이든 적당히 처리해 넘기는 것을 용납하지 않았습니다.

해외에 선교사로 나가겠다면서 현재 살고 있는 그곳에서 증거의 삶을 제대로 살지 못하고 있는 젊은이들에게 도슨은 특별히 엄하게 대했습니다. 그는 그들 가운데 대부분이 사람 낚는 어부가 되기 위해 필요한 한 가지 조건, 즉 "나를 따르라"고 하신 그리스도의 말씀을 소홀히 여기고 있음을 알았던 것입니다.

그가 선교 위원회 위원으로서 5일 동안 해외 선교사 지망생들을 면담하던 때의 일입니다. 그는 대학이나 신학교를 갓 졸업한 젊은이들을 한 사람씩 따로따로 30분가량씩 면담하였습니다. 그때 그는 그들에게 두 가지 중요한 질문을 했습니다. 첫째는 경건의 시간을 어떻게 가지고 있느냐는 것이고, 둘째는 현재 사역 가운데 남아 있는 열매가 있는가 하는 질문이었습니다.

그의 첫 번째 질문, "당신은 경건의 시간을 어떻게 보냅니까?"에 대해서는 면담했던 29명 중 단 한 사람만이 주님 안에서 확신 있게 대답하였습니다.

경건의 시간이 신통치 못한 까닭에 대해 도슨이 질문하자, 그들은 한결같이 놀라울 정도로 비슷한 대답을 했습니다. "글쎄요. 저는 여름 학기 수강하는 것 때문에 바쁩니다. 1년 동안 할 것을 몰아서 12주 만에 하거든요. 눈코 뜰 새 없이 바빠요." 이에 늦추지 않고 도슨은, "그러면 대학 시절로 거슬러 올라가 그때 하나님과의 교제는 어떠했나요?"라고 질문했습니다. 이런 식으로 도슨은 일생

동안 하나님의 일을 하고자 하는 젊은이들의 삶을 추적해 보았습니다. 결국 알게 된 사실은, 그들이 주님을 알게 된 이후 그 어느 때에도 지속적으로 만족할 만한 경건의 시간을 가진 적이 없다는 것이었습니다.

도슨은, "살아 계신 하나님과의 교제 결핍! 이것이 바로 영적으로 황폐케 되는 주된 원인입니다"라고 말했습니다.

그의 또 다른 질문은 이것이었습니다. "당신이 주님께로 인도한 영혼들 가운데 당신의 도움을 받고 현재도 예수 그리스도를 위해 열심히 살아가고 있는 사람들의 이름을 댈 수 있습니까?" 대다수가 바다를 건너, 외국어를 공부하고 낯선 문화 속에서 무엇인가를 해보려는 사람들이었으나 현재 자신들이 처한 바로 그곳에서는 뚜렷한 열매가 없음을 고백할 수밖에 없었습니다.

도슨은 선교사뿐만 아니라 **모든** 하나님의 백성들이 그리스도의 증인이 되어야 하며 영적인 부모가 되어야 한다고 굳게 믿었습니다.

8

양육의 사도

당신은 한 영혼을 그리스도께로 인도하면 기쁩니까?
물론 기쁠 것입니다.
당신뿐만 아니라 회심자는 물론,
관계된 모든 사람들과 하나님의 천사들까지도 기뻐한다고 하였습니다.
그러나 그것으로 만족할 수 있습니까? 그럴 수는 없습니다.
예수님께서는 그저 단지 회심자를 얻는 것 이상의 일을
우리에게 부탁하셨습니다.
제자를 삼으라고 명하신 것입니다.
우리가 인도한 영혼과 우리는 밀접한 관계를 맺고
그의 성장을 도와줌으로써
그도 주님의 지상사명을
효과적이고도 힘차게 이루어 나갈 수 있도록 해주어야 합니다.
그렇게 되면 그는 성숙하고 헌신된,
열매 맺는 그리스도의 제자가 될 것입니다.

리로이 아임스

레스 스펜서는 일리노이 주 출신의 젊은이로서 미 군함 웨스트버지니아호에 승함해서 수병으로 군 생활을 하고 있었습니다. 그는 도슨이 처음으로 양육을 했던 사람으로, 도슨은 그와 함께 일생에 걸친 제자 배가의 사역을 시작했습니다. 스펜서는 도슨과의 첫 만남에 대해 이렇게 이야기했습니다. "1933년 4월, 내가 그 배에 배속된 지 얼마 되지 않았을 때의 일입니다. 어떤 사람에게서 전보가 날아 왔습니다. 그런데 그것을 스펜서라는 성을 가진 다른 사람이 받아, 내 손에는 하루가 지나서야 건네졌습니다.

그릇을 닦고 있던 나는 물기도 채 가시지 않은 손 그대로 전보를 받아 들고 뜯어보았습니다. '면회 바람. 샌피드로 부두, 오후 4시. 짙은 색 코트, 밝은 색 바지, 갈색 구두 착용. 도슨 트로트맨.'

나는 트로트맨이라는 사람은 도무지 기억에 생소했기에 당황되기도 하고 미심쩍기도 했습니다. 그래서 나는 아마도 돈을 노린 사기꾼일지도 모른다고 생각하고 즉각 전보용지를 접어서 흰 잠바 호주머니에 집어넣었습니다. 그러나 오후 내내 전보의 내용이 꼬리를 물고 머리에서 떠나질 않았습니다. 트로트맨이라는 사람이 어떻게 나를 알았을까? 내 이름을 어떻게 입수했을까? 내가 웨스트버지니아호에 있다는 것을 어떻게 알았을까? 잔뜩 호기심이 생겨 나는 친구에게 저녁 식사 준비를 부탁하고, 통행증을 소지한 후 약속된 부두로 향했습니다. 혹시 몰라 돈은 왕복에 꼭 필요한 교통비 35센트만을 주머니에 넣어 가지고 나갔습니다.

오후 4시 직전에 부두에 도착해서 전보에 묘사된 인물을 찾기 시작했습니다. 그때 수많은 해군들 틈바구니 속에서 한 사람이 가벼운 걸음으로 나에게 다가오고 있었는데, 자세히 보니 짙은 색 코트에 엷은 색 바지를 입고 갈색 구두를 신은 바로 그 사람이었습니다. 그는 뼈마디가 굵은 손을 내밀더니 얼굴에 활짝 웃음을 지었습니다. 제 생애를 변화시키고자 하나님께서 예비하신 사자로부터 나는 따뜻한 환영을 받은 것입니다."

도슨은 레스를 집으로 데려가 아내 라일라의 특기인 치킨 프라이 요리를 대접했습니다. 그리고 나서는 팔로스버데스 언덕에 차를 몰고 가서 함께 교제를 나누었습니다. 그때 한 경관이 다가와 성경을 가지고 둘이 교제하는 모습을 보고, "여기서 무엇을 하고 계십니까?"라고 물었습니다. 학교 주변을 지키는 것이 그의 임무였는데, 좀 시간 여유가 있어서 약 한 시간 동안 함께 대화를 나눌 수 있었습니다. 그때 도슨은 성경에 관한 그 경관의 질문에 답해 주면서 그에게 복음을 전했습니다.

집에 돌아오는 길에 레스는 이렇게 말했습니다. "도슨 형제님, 오늘 밤 당신이 했던 대로 나도 할 수만 있다면, 내 오른팔이라도 바쳐서 배우겠습니다."

"설마, 그렇게까지야 할 수 있을려구요?"

"아닙니다. 정말 그렇게 할 것입니다." 레스가 대답했습니다.

도슨은 그의 진심을 떠보기 위해서 더욱 세게 밀어붙였습니다. "아니오. 당신은 그렇게 하기 힘들 거요."

"아닙니다. 기어코 할 것입니다!"

양육의 사도

도슨은 바로 그 힘있는 목소리를 기다렸다는 듯이 말했습니다. "좋습니다. 그러나 오른팔 정도가 아니라, 당신 전체를 바쳐야 합니다." 그 후 3개월 동안 도슨은 매주 많은 시간을 레스와 함께 보내면서 성경 말씀은 물론 삶을 통해 배운 것들을 나누었습니다. 이를 통해 말씀과 기도의 삶, 전도, 양육 등에 대해 자세히 가르쳐 주었습니다.

3개월이 지날 무렵 레스는 거니 해리스를 도슨의 집에 데려와서 도슨에게 말했습니다. "당신이 나에게 가르쳐 준 것들을 이 사람에게도 가르쳐 주십시오. 그는 잘 배울 것입니다."

도슨은 레스의 눈을 똑바로 응시하면서 "아니오. 나는 할 수 없습니다"라고 대답했습니다.

레스는 놀라며, "나는 성장을 원하는 그리스도인이라면 누구나 데려오길 바라시는 줄로 알고 있었는데요"라고 말했습니다.

도슨은 "내가 그렇게 말했던 것은 사실입니다. 하지만 이 사람에게는 내가 당신에게 가르쳐 준 대로 당신이 가르쳐 주십시오"라고 말했습니다.

"그렇지만, 나는 성경학교를 다닌 적도 없고 게다가 도대체 뭘 어떻게 해야 하는지도 모르잖아요. 나는 할 수 없어요."

"만약 당신이 내게 받고 배운 것들을 거니에게 전해 줄 수 없다면, 나는 실패한 것입니다!" 급기야 레스는 그 도전을 받아들였습니다. 그 후로 그는 트로트맨에게 배운 대로 충성스럽게 해리스를 양육하였습니다. 물론 이따금 문제가 생길 때면 도슨의 도움을 받곤 했습니다.

"만약 당신이 할 수 없다면 나는 실패한 것입니다." 그 후 도슨은 자주 그를 따르는 사람들에게, "당신의 자녀들을 우리 문 앞에 데려다 놓지 마십시오"라고 도전하였습니다. 그는 영적 후손들에게 그들도 영적 부모로서 재생산의 책임을 감당해야 한다는 것을 일깨워 주고자 무척 애썼습니다.

부전자전(父傳子傳)

여러 해에 걸쳐 다른 사람들을 그리스도께로 인도하는 일에 자신을 드려 오면서 도슨은 양육과 재생산에 자신의 삶을 점점 더 헌신하게 되었습니다. "1926년에 구원을 받았지만, 1940년이 되어서야 비로소 나는 나를 따르는 사람들이 나의 말이 아니라 나의 삶을 본받게 된다는 사실을 깨닫게 되었습니다.

내가 도왔던 사람들은 내가 그들을 가르치고 인도했던 방식 꼭 그대로 또 다른 사람들을 양육하고 말씀을 가르칠 수밖에 없다는 사실을 깨닫게 되었습니다. 그 아버지에 그 아들이라는 말이 실감났습니다.

몇 년 전 내가 겪었던 과정을 그들도 겪고 있었습니다. 나는 그들과 함께 충분한 시간을 보내지 않았고, 많은 시간을 들여 그들도 영적으로 재생산해야 한다는 사실을 깨우쳐 줄 만큼 충분한 통찰력과 시야가 없었습니다. 내 자신이 삶과 말씀으로 그들을 가르치지 않았기 때문에 나에게 배운 그들도 역시 그러했습니다."

이러한 깨달음은 도슨에게 놀라운 힘과 안목을 가져다주었습니다. 영적인 자녀를 양육하는 것이 그의 가장 큰 필요였고 또한 그를 따르던 자들의 필요이기도 했습니다. 그리고 이것이 오늘날 교회의 절실한 필요라는 것도 깨닫게 되었습니다. 그러자 전도의 열매를 보존하고 갓 태어난 그리스도인들을 개인적으로 양육해야겠다는 데 대한 강렬한 열망이 생겼습니다. 양육이 그 당시 교회의 가장 큰 약점이요 필요라는 사실을 깨닫게 되었기 때문에, 그는 특별히 이 필요를 채우는 데 계속 주력했습니다.

1950년대 중반, 서부 연안에 있는 한 신학교에서 도슨은 다음과 같은 내용의 설교를 했습니다. "고리 하나가 빠졌다고 체인을 버립니까? 그렇지 않습니다. 버리기보다는 오히려 그 빠진 고리 하나를 다시 채워 넣으려고 할 것입니다. 체인에서 그 고리 하나하나는 대단히 중요합니다. 체인의 강도는 가장 약한 고리에 따라 결정됩니다. 오늘날 새신자 양육은 교회나 성경학교, 신학교 등 어디에서나 가장 약한 고리들 중의 하나에 해당합니다. 그들이 양육을 가르치고 있지 않다는 말은 아닙니다. 사실 이것을 위해 나름대로들 애를 쓰고 있습니다. 그러나 참으로 약한 고리는 다름 아닌 일대일 원리라고 생각합니다."

해가 감에 따라서 도슨은 '양육의 사도'로 알려지게 되었습니다. 그는 제자삼는 사역에 있어서 약 20년은 앞선 선구자였습니다.

초기에 그는 오해와 비판의 화살을 받는 일이 종종 있었습니다. 그로 인해 마음이 상하기도 했지만, 무시되고 있는 진리를 선포해야 할 책임을 강하게 느꼈기에 그는 영적인 자녀를 일대일로 양육하라는 외침을 계속하였으며, 영적 후손과 그 후손의 후손에게도 똑같이 가르치도록 강조했습니다.

정식 신학 교육을 받지도 못한 그가 영적 양육에 대한 가르침도, 설교도, 책도 없던 상황에서 어떻게 그것을 시작할 수 있었을까요?

도슨은 그가 이 새로운 길로 접어들게 된 경위에 대해서 어느 신학생 그룹에게 다음과 같이 이야기했습니다. "나는 주일마다 죽어 가는 영혼들을 구해야 하는 책임이 우리에게 있다는 목사님의 설교를 들었습니다. 그에 관한 책도 많이 읽었습니다. 내가 존경하는 교계 지도자들은 모두 놀라운 전도자들이었습니다. 그래서 나도 죽어 가는 영혼들을 불쌍히 여기고 구할 수 있게 해달라고 기도하기 시작했습니다. 두 주 만에 나는 첫 회심자를 얻었습니다. 그가 참으로 주님께 돌아왔는지 아니면 그저 내게 그렇게 보였는지는 하나님만이 아십니다. 그는 집에 가는 길에 다른 사람의 차의 도움을 받으려고 시도하던 후안이라고 하는 젊은 멕시코 청년이었습니다. 그때 나는 털털거리는 내 4기통짜리 차에 그를 태우고 내가 가는 길에서 약 6km 정도 벗어나 있는 그의 집이라고 하는 곳까지 태워다 주었습니다. 가는 동안 나는 그에게 말씀을 전했고 그는 믿기로 결심했습니다. 그는 예수 그리스도를 그의 구세주로 인정했습니다. 그를 차에서 내려 주고 내가 막 떠나려 하자, 그는 '트로트맨 씨, 나는 당신과 함께 월밍턴으로 되돌아가고 싶습니다'라고 하는 것이었습니다.

'왜 그러지요? 당신을 집까지 태워다 주려고 나는 내가 가야 할 길을 한참이나 벗어나 일부러 여기까지 왔는데요?'

그러자 후안이 '실은 오늘 밤에 나는 형 집을 털려고 왔습니다. 여기가 형 집인데 그는 가족과 함께 휴가를 떠나고 없거든요. 그러나 이젠 집에 돌아가고 싶습니다'라고 말했습니다.

당시 나는 후안에 대해 아무런 책임감도 느끼지 못했습니다. 벌써 22년 전의 일입니다. 만약 내가 그때 오늘날 알고 있는 것들을 그에게 가르쳐 주었더라면 어떤 일이 일어날 수 있었겠습니까? 그가 차에서 결신한 후 내가 그와 함께 시간을 보내며 몇 주 혹은 몇 달만이라도 그를 도와줄 수 있었더라도 그는 본국에 돌아가 훌륭한 선교사가 되었을지도 모릅니다. 그러나 지금 나는 그가 어디에 있는지조차도 모릅니다. 그에게 전화한 일도 없고 그를 다시 만나 보려고 하지도 않았었습니다. 나에게는 바로 이런 일이야말로 오늘날의 비극이 아닌가 생각됩니다. 우리는 많은 결신자들을 얻기 원하고 그들의 이름과 주소, 숫자에만 관심을 쏟곤 하는데, 이것은 비극입니다. 그때까지만 해도 나는 이 사실을 깨닫지 못했습니다.

초기에는, 그리스도께 나아오는 진실한 결신자들이 꽤 많이 있었지만 내 자신이 그들의 성장을 위한 영적 소아과 의학에는 별로 관심을 보이지 않았습니다. 1939년경의 일로 기억되는데, 당시 나는 조지와 교제를 나누고 있었습니다. '조지, 자네의 영적 자녀들이 성장하지 못하는 이유는 무엇이라고 생각하나? 자네 배에서 그리스도를 믿기로 한 사람들의 명단을 좀 보여 주겠나?' 그는 작은 노트를 꺼내어 내게 보여 주었습니다. 그때 나는 그 명단 중 어떤 사람의 이름을 가리키면서 '이 사람에 대해 이야기 좀 해주겠나?'라고 말했습니다.

'글쎄요, 도슨 형제님. 그가 주님을 영접했을 때 분명히 거듭난 것으로 생각했는데요. 눈물까지 흘리는 것을 봤거든요. 그런데 지금은 얼굴조차 비치지 않고 요즈음엔 도리어 나를 피하는 느낌마저 드는군요.'

'좋네, 그러면 여기 이 친구는 어떻게 되었나?'

'그 사람도 마찬가지라고 생각해요. 참 멋있는 친구였죠. 그러나 이제는 그를 거의 볼 수가 없습니다.'

우리는 이런 식으로 명단에 나온 아홉 명 전부에 대해서 살펴보았습니다. 그들 중 계속 믿음 안에 거하고 있는 사람은 단 한 사람도 없었습니다. 조지의 삶에 무슨 잘못이 있었나요? 그렇지 않습니다. 조지는 아주 견고한 믿음의 삶을 살고 있었습니다. 조지가 하나님 말씀에 무지했기 때문일까요? 아닙니다. 조지는 성경 말씀을 지속적으로 섭취하는 삶을 살고 있었습니다. 그러면 무엇 때문입니까? 조지는 또 다른 사람들에게 전도하기에 바빴고, 남는 시간은 성경공부나 여러 모임에 참석하느라 늘 분주했기 때문에, 절실하게 필요한 영적 자녀들의 성장을 위해서는 시간을 내지 못하고 그대로 방치해 사탄의 공격에 무방비 상태가 되게 했던 것입니다. 그 아홉 명 가운데 건강한 자는 하나도 없이 모두가 허약한 상태였습니다.

이런 경험을 통해서 나는 다음과 같은 큰 교훈을 얻었습니다. 빌립보서 1:6은 바울이 빌립보에 사는 신자들에게 쓴 양육 편지 중의 한 구절입니다. 바울은 개인적인 방문, 기도의 수고, 또는 신실한 형제로 하여금 빌립보를 방문케 하는 방법들을 통해서 그들을 양육했습니다. 그는 또한 깊고도 정성어린 장문의 편지를 통해 그들을 양육했습니다. 그때는 전화도, 인쇄기도, 타자기도, 항공 우편도 없었으나 바울은 그 일을 해냈습니다. 성경을 연구해 보면 그가 영적 자녀들을 위해 주야로 얼마나 깊은 관심과 사랑을 가지고 있었는지 잘 알 수 있습니다. 날마다 그의 마음은 영적 자녀들에게 가 있었습니다."

신약에 나타난 영적 소아과 의학

도슨은 신약성경에서 바울이 새신자들을 양육한 방법을 깊이 연구하면서 어린 결신자들을 양육하는 일에 시간과 노력을 투자하기로 더욱 결심을 굳히게 되었습니다. 그는 자주 이렇게 말했습니다. "뿌린 대로 거둔다는 것은 불변의 법칙입니다. 만약 어떤 사람의 마음에 말씀의 씨앗을 잘 뿌려 놓으면 반드시 그 결실을 보게 될 것입니다. 모든 사람이 성경 말씀을 잘 받지는 않으나 마음으로 받는 자에게는 새 생명이 싹트게 되어 있습니다. 한 영적 생명이 태어나면 바울이 새신자에게 보여 주었던 바로 그 관심을 그에게도 보여 주십시오. 바울은 양육의 중요성을 굳게 믿었습니다. 그는 분주한 전도자의 삶을 살았지만 양육하는 일을 결코 소홀히 하지 않았습니다. 신약 가운데 상당한 부분을 차지하는 바울의 서신서는 결신자들에게 보내는 양육 편지가 대부분입니다."

도슨은 신약성경 가운데 최초로 쓰인 데살로니가전서에서 바울이 새신자 양육에 대해 언급하고 있는 내용이 나올 때마다 그 구절 옆에 별표를 했습니다.

"이 작은 서신서 하나에 무려 스물네 개의 별표를 하게 되었습니다. 이것이 의미하는 바는 적어도 스물네 번이나 바울이 데살로니가의 어린 그리스도인들을 양육하는 것을 자신의 책임으로 여기고 있었다는 것입니다. 좀 더 빨리 이 진리를 깨닫지 못한 것이 정말 아쉽습니다."

도슨은 사도행전 17:11에 나오는 베뢰아 사람들의, '간절한 마음으로 말씀을 받고 이것이 그러한가 하여 날마다 성경을 상고하던' 본을 따라서 양육에 대한 말씀들을 연구하기 시작했습니다. 또한 그와 함께하던 동역자들에게도 똑같은 주제로 성경공부를 하도록 권했습니다. 그들은 좀 더 깊은 연구를 위해 4복음서에 나오는 그리스도의 생애를 살펴보기 시작했습니다. 주님께서 어떻게 제자들을 훈련시키셨는가? 주님의 지상 사역 3년 동안에 어떤 일들이 이루어졌는가? 그들은 마가복음 3:13-14 말씀과 같은 부분들을 집중적으로 연구했습니다. "또 산에 오르사 자기의 원하는 자들을 부르시니 나아온지라. 이에 열둘을 세우셨으니 이는 자기와 함께 있게 하시고 또 보내사 전도도 하며." 이 구절에 나오는 "자기와 함께 있게 하시고"라는 말씀 속에 담긴 원리는 무엇인가?

그들은 또 여러 주간에 걸쳐 사도행전을 연구했습니다. 도슨은 의사였던 누가가 그의 친구인 데오빌로 한 사람에게 사건의 진상을 알리고자 기록한 것이 누가복음과 사도행전임을 알게 되었습니다. 한 사람이 진정한 제자가 될 때에 비로소 다른 한 사람이 또 다른 제자로 자랄 수 있고, 마침내는 수백 수천의 제자가 생겨날 수 있습니다. 그러나 이것은 먼저 한 사람으로부터 출발하지 않으면 안 됩니다.

영접했다는 것은 영적 탄생을 의미하는 것으로 단지 시작에 불과하기 때문에, 계속 개인적인 관심을 가지고 돌봐 주는 것은 매우 중요합니다. 도슨은 자주 다음과 같이 말했습니다. "영접은 10%요, 양육이 90%를 차지합니다." 도슨은 이러한 양육이 어떤 자료에 의해서가 아니라 바로 사람에 의해서 된다고 믿었습니다. "주님께로 돌아온 한 영혼을 도울 때 몇 가지 책자 정도로 해결이 되겠습니까? 성경을 통해서 보나 실제 경험을 통해서 보나, 성공적인 양육은 근본적으로 어떤 것에 의해서가 아니라 사람에 의해 이루어진다는 것이 명백한 진리입니다. 바울은 로마 교인들에게 '내가 너희 보기를 심히 원하는 것은 무슨 신령한 은사를 너희에게 나눠 주어 너희를 견고케 하려 함이니'(로마서 1:11)라고 했습니다.

아시아에서 오랜 전도 여행을 마치고 난 뒤, 바울은 새신자들을 돌아보고 싶은 마음이 생겼습니다. '수일 후에 바울이 바나바더러 말하되, '우리가 주의 말씀을 전한 각 성으로 다시 가서 형제들이 어떠한가 방문하자' 하니'(사도행전 15:36).

비록 편지를 했다 할지라도, 바울은 직접 그들과 함께 보내는 개인 교제 시간이 그들의 믿음의 삶을 효과적으로 세워 주는 데 필수적이라고 확신했습니다."

그러한 제자 훈련은 시간, 노력, 물질 등의 대가를 요구합니다. 이것을 설명하기 위해 도슨은 다음과 같은 예를 자주 들었습니다. 한 아이가 세상에 태어나는 데는 약 10개월 정도 걸립니다. 그러나 그가 성장하여 교육받고 자립하기까지는 16년 내지 20년의 세월이 필요하다는 것입니다. 사도 바울은 영적으로 어린 자녀들의 성장을 위해 엄청난 시간과 관심을 투자했습니다.

사도행전 9:19 말씀과 그 이후에 나오는 말씀들을 읽어 나가면서 도슨은 바울이 얼마나 많은 시간을 양육에 바쳤는지 주목하게 되었습니다. "며칠… 수일… 여러 날… 일 년… 오래… 세 안식일… 일 년 육 개월… 석 달… 두 해… 삼 년." 이렇게 해서 그는 사도행전 21:10로 결론을 맺게 되었습니다. "여러 날 있더니."

전도에 대한 도슨의 열정은 그로 하여금 양육에 더욱 주력하게 하는 촉매 작용을 했습니다. "한 사람을 그리스도께 인도하는 데는 20분에서 두 시간 정도면 족합니다. 그러나 그로 하여금 성숙한 그리스도인의 삶을 살도록 도와주려면 최소한 20주에서 2년여의 기간이 걸립니다. 그러나 일단 성숙한 한 제자를 얻게 되면 당신의 사역은 배가될 수 있습니다. 이것이 내가 효과적인 전도뿐만 아니라 효과적인 양육이 참으로 중요하다고 굳게 믿는 이유이기도 합니다. 여기에는 건강한 영적 아기를 낳을 수 있도록 준비하는 일과 갓 태어난 아기에게 부드러운 음식을 공급하는 일, 영적인 질병으로부터의 보호, 훈련, 교정, 격려, 도전, 교훈 및 본을 보여 주는 일 등이 수반됩니다. 이러한 모든 일들이 다 바울이 다음 구절에서 언급한 목표를 성취하는 데 큰 도움을 줍니다. '우리가 그를 전파하여 각 사람을 권하고 모든 지혜로 각 사람을 가르침은 각 사람을 그리스도 안에서 완전한 자로 세우려 함이니, 이를 위하여 나도 내 속에서 능력으로 역사하시는 이의 역사를 따라 힘을 다하여 수고하노라'(골로새서 1:28-29)."

도슨은 영적으로 양육하는 '방법'에 대해서는 계속 시행착오를 겪었습니다. 그러나 그가 자주 역설했던 한 가지 중요한 원리가 있는데, 그것은 개인적으로 대단한 헌신이 필요하다는 것이었습니다. "이 양육의 원리에 대해 발견한 두 가지 생각을 나누고 싶습니다. 첫째 원리는 당신이 영적 부모로서 자녀들에게 영적 양식을 먹여 주어야 한다는 것입니다. 각 사람마다 약간씩 견해의 차이가 있긴 하지만 한 가지 확실한 것은 적어도 6개월 동안은 영적 자녀들에게 지속적인 사랑과 관심을 보여 주어야 한다는 것입니다.

한 주에 한 번, 혹은 최소한 두 주에 한 번은 정기적인 교제 시간을 가져야 합니다. 그들에게 견고한 영적 기반을 닦아 주기 위해서는 이러한 시간이 필요한 것입니다. 그들로 하여금 성경 말씀을 마음 판에 새겨서 이제부터는 삶 가운데 부딪히는 여러 가지 문제에도 흔들리지 않고 굳게 설 수 있도록 도와줘야 합니다. 또한 어떻게 경건의 시간을 통해 정기적으로 주님을 만나 직접 그분의 말씀을 들으며 또한 하나님 앞에 마음의 짐을 온전히 내려놓을 수 있는지 가르쳐 주어야 합니다.

여러분은 그리스도께서 그분의 열두 제자들과 3년간을 함께하신 사실을 기억할 것입니다. 한 사람을 그리스도를 섬길 수 있는 자로 성장하도록 도와주는 데는 최소한 6개월의 기간이 필요하다고 봅니다. 때로는 영적인 어린아이가 견고한 제자로 성장하여 어떤 책임을 맡을 수 있을 때까지는 2년이나 3년이 걸릴 수도 있습니다. 이러한 일은 반드시 일어나게 되어 있지만 문제는 시간을 투자해야 한다는 것입니다.

여러분들에게 꼭 말씀드리고 싶은 것이 있습니다. 양육이 인격화되어 있지 않으면, 한 사람을 세워 주는 데 소요되는 시간이 훨씬 더 길어진다는 사실입니다. 아마도 여러분은 '도슨 씨, 당신이 말씀하시는 것은 다 옳고, 저도 그 말에 전적으로 동의합니다!'라고 말할지 모르겠습니다. 그러나 이 일은 그런 말로 되는 것이 아닙니다. 남의 말에 동의하는 정도로는 좋은 결과를 기대할 수 없습니다. 누가 뭐래도 여러분 자신이 양육에 대한 분명한 확신을 가지고 있어야 합니다. 그래서 양육이 여러분의 생각 속에 깊이 뿌리를 내리고 있게 해야 합니다. 여러분은 전도의 은사를 지닌 위대한 전도자들에 비해 전도의 열매가 훨씬 적을지도 모릅니다. 그러나 누구나 양육을 할 수 있습니다. 하나님께서는 특별한 재능과 은사를 가진 특출한 사람들만을 부르셔서 사용하시는 것이 아닙니다. 그보다는 오히려 대개 잘 알려져 있지도 않은 보잘것없는 자들을 택하셔서 사용하십니다."

전도의 '대가'라고 불리는 몇몇 사람들에게는 도슨의 양육에 대한 견해가 언짢게 생각되기도 했습니다. 그러나 오히려 도슨은 그들이 두고 있는 우선순위를 못마땅하게 생각했습니다. "왜 오늘날 기독교 기관들이 강당을 빌리고 강사를 모시고 특별한 찬양을 준비하며 사무실을 차리는 데 매년 수만 달러씩을 소비해야만 합니까? 훌륭한 사회자와 장엄한 음악, 성경에 근거한 강력한 메시지, 초청에 응하는 수많은 결신자들, 그 다음에는 몇 마디의 격려의 말과 함께 짧은 영접 기도를 하고 악수를 한 뒤, '안녕히 가십시오.

하나님의 축복이 함께하시길 빕니다'라고 말하고는 끝내 버릴 일을 위해 그토록 막대한 경비와 힘을 쏟아 부어야만 합니까? 성경을 아는 사람들이 어떻게 그런 식으로 할 수 있단 말입니까?"

도슨은 이렇듯 양육을 무시하는 풍조가 미국뿐만이 아닌 전 세계 현상이라고 생각하였습니다. 뉴욕에 본부를 둔 '생명의 말씀(Word of Life)' 창시자인 잭 위첸은 도슨이 그의 전도단이 겪고 있던 문제를 해결할 수 있도록 어떻게 도와주었는가에 대해 다음과 같이 말했습니다.

"1944년 4월 1일 매디슨 스퀘어 가든에서 열렸던 우리의 첫 집회는 적어도 만여 명가량이 들어가지 못하고 밖에서 서성대는 가운데 2만 명이 넘는 사람들이 실내를 가득 메울 정도로 성황을 이루었습니다. 우리의 사기는 실로 충천했습니다. 돌이켜 보면 당시 우리는 그리스도를 믿기로 결신한 자가 약 천 명에 이른다는 사실에 대해 은근히 자만심을 가지고 있었던 것 같습니다. 그 모임 직후 도슨은 사무실에 들어와 전도 집회에서 수많은 결신자들을 얻게 된 기쁨을 우리와 함께 나누었습니다.

그리고 나서 그는 '그런데 앞으로 어떻게 할 작정입니까?'라는 질문으로 내 뒤통수를 쳤습니다. 나는 그에게 그것이 무슨 말이냐고 되물었습니다. 그러면서 우리는 결신자들에게 이미 요한복음 책자를 나누어 주었으며 같이 기도해 준 후 헤어졌다고 말해 주었습니다. 당시 우리는 결신자 카드조차 사용하지 않았던 것으로 기억됩니다. 도슨은 그날 많은 시간을 투자해 우리의 모든 임원들에게 양육의 필요성을 깊이 인식시켜 주었습니다.

이로써 우리도 양육의 필요성을 점차 더 절실하게 깨닫게 되었고, 그 후 1948년경 보스턴 가든, 양키 스타디움, 필라델피아 컨벤

션 홀 등의 집회 때에는 새롭게 믿기로 결신한 수천 명의 어린 신자들을 양육하는 이 큰 일에 정말로 전심으로 힘썼습니다."

　네비게이토 수양회 때마다 도슨은 간사들에게 양육의 중요성에 대해 강하게 도전하는 가운데 새신자들을 스스로 알아서 하라고 방치해 둘 때 야기될 수 있는 심각한 결과에 대해 경고했습니다. 어느 수양회에서 그는 다음과 같이 말했습니다. "하나님께서는 모든 사람이 하나님 가족의 일원으로 태어나 예수 그리스도의 형상을 닮아 가며 어느 곳에서나 그분을 아는 냄새를 나타내기를 원하십니다. 그런데 여러분은 어떻습니까? 한 영혼을 그리스도께로 인도한 후 이제 그는 구원을 받았다고 알려 줍니다. 그리고 나서 교회에 나가도록 해주고, 그 다음에는 그냥 내버려 둡니다. 그러면 그는 곧 이전 삶의 습관으로 되돌아가 버립니다. 그가 하나님을 욕되게 한 것은 언제입니까? 여러분을 만나기 전입니까, 후입니까? 여러분은 그 답을 알고 있을 것입니다. 전도자들도 그 답을 잘 알고 있습니다. 그럼에도 불구하고 그들은 결신자들을 얻은 다음에는 그들을 양육하려고 생각하지도 않고 그대로 내버려 둔 채 계속해서 또 다른 영혼들을 얻기에만 급급합니다. 과연 이것이 타당한 일입니까?

　아닙니다. 잘 납득이 가지 않는 일입니다. 여러분은 지구상에서 가장 위대한 일에 참여하고 있습니다. 즉 하나님과의 교제를 회복할 수 있도록 사람들을 이끌어 주며, 하나님의 놀라운 뜻 가운데 가장 귀히 쓰임받을 수 있도록 도와주는 일입니다. 여러분의 교회야말로 모든 사람들에게 그리스도의 복음을 전하고 그들로 하여금 하나님께 영광 돌리는 삶을 살도록 도와주는 이 놀라운 사역의 심장부요, 지역 센터가 되어야 합니다. 전 세계에서 이 사명이 성취되느냐 못 되느냐 하는 것은 바로 여러분의 교회에서 이 일을 성공적으로 이루어 내느냐 그렇지 못하느냐에 크게 달려 있습니다."

도슨은 하나님께서 제2차 세계 대전 후의 사역을 위해 그를 준비시키고 계시다는 것은 생각지도 못했습니다. 그와 아내 라일라는, 도슨은 귀 기울여 듣는 사람이라고는 하나도 없는 광야와도 같은 곳에서 외치는 자의 소리라고 느낀 적이 수없이 많았습니다. 대부분의 교회 목사들은 그에 대해 우호적이면서도 그를 좀 이상하고 직선적인 사람이라고 생각했습니다. 또 그가 외치는 취지를 온전히 이해하지는 못했습니다. 그러나 어느 누구도 도슨이 맺은 사역의 열매에 대해서는 부정할 수 없었습니다. 그는 교계 지도자들의 모임에 초청되어 양육을 주제로 한 설교 부탁을 받기도 했으며 전국적으로 수많은 기독교 학교에 초빙되어 채플 시간을 통해 그의 도전적인 메시지를 전했습니다.

그러나 그의 말을 귀담아듣고 마음에 새겨듣는 사람은 드물었습니다. 대부분 그때까지 내려오던 프로그램을 그대로 답습하기에 급급했고 모든 돈과 에너지를 거기에 쏟았던 것입니다.

빌리 그래함 전도단의 요청

1950년 도슨은 빌리 그래함으로부터 그의 대규모 전도 집회를 통해 믿기로 한 결신자들의 양육을 도와달라는 요청을 받았습니다.

도슨 형제님, 우리 결신자들의 양육 과정을 좀 도와주십시오. 그동안 위대한 전도자들과 그 부흥 집회에 대해 모두 살펴보았지만 양육 프로그램이 제대로 갖추어진 곳이 거의 없었습니다. 현재 저희 전도단을 통해서 매월 평균 6,000여 명가량이 초청에 응해 그리스도를 믿기로 결신하고 있습니다. 당신의 도움이 절실히 필요합니다. 오셔서 도와주시면 감사하겠습니다.

처음엔 도슨은 대중 전도의 경험이 없다는 이유로 거절하려 했습니다. 사실 도슨은 언제나 개인적으로가 아니면 소그룹으로 사역을 해왔기 때문입니다.

"도슨 형제님, 나는 가는 곳마다 네비게이토 형제들과 마주치게 됩니다. 휘튼에서 학창 시절을 보내고 있을 당시에도 나는 그들을 볼 수 있었습니다. 군에 있을 때 당신과 당신의 영적 후손들의 영향을 받고 하나님을 위해 살아가게 되었다는 사람들을 전국 어디에서나 볼 수 있었습니다"라고 빌리는 간곡하게 말했습니다.

그러나 도슨은 여전히 거절했습니다. "빌리! 나도 부탁을 들어주고는 싶지만, 시간이 없습니다." 그러나 빌리 또한 포기하지 않고 계속 부탁했습니다.

도슨은 전도단의 양육 체계가 취약점이라는 사실을 잘 알고 있었습니다. 사실 그것은 모든 교회의 문제였습니다. 그는 "와서 우리를 도우라"(사도행전 16:9 참조)는 이 마게도냐로의 부름이 빌리 그래함 개인이 아닌 하나님께로부터 온 것이라 생각했습니다.

빌리 그래함은 분명히 하나님께서 세우신 전도자로서 세계 주요 도시들을 순회하면서 지역교회를 도와 주님의 지상사명을 이루어 가고 있었습니다. 그런데 어떻게 더 이상 이러한 복음 사역을 도와달라는 그의 청을 거절할 수 있겠습니까?

도슨은 후에 친구에게 보내는 편지에서 빌리 그래함의 제안을 전격적으로 받아들이기로 결심한 사실에 대해 이렇게 기록하고 있습니다.

> 빌리 그래함이 양육을 담당해 달라고 부탁해 왔을 때, 나는 그에게 다른 사람을 찾아보라고 했네. 그 다음날 나는 대만을 향해 떠날 예정이었거든.
>
> 그랬더니 그는 내 어깨를 잡고 이렇게 말하더군. "누가 이 일을 한단 말입니까? 당신 말고 누가 이 일을 할 수 있겠습니까? 양육은 바로 당신 전공이 아닙니까?"
>
> 나는 대만에 가 있는 동안 그것을 위해 기도해 보겠노라고 약속했지. 나는 대만에 있는 동안 하루에 두세 시간씩 백사장을 거닐면서 기도했네. "주님! 제가 어떻게 이 일을 할 수 있겠습니까? 주님께서 제게 맡기신 일조차 다 해내지 못하고 있는 판국입니다. 일 년 중의 6개월을 어떻게 빌리에게 내줄 수 있겠습니까?" 그러나 하나님께서는 이것을 내가 더 져야 할 짐으로 내 마음에 얹어 주셨네.

다른 영역에서도 마찬가지였지만, 도슨은 일단 빌리 그래함을 돕기로 결심한 다음에는 전심으로 이 일에 뛰어들었습니다. 네비게이토 월간 소식지 'The Log'(1954)에서 도슨은 당시 빌리 그래함과 동역한 소감을 이렇게 말했습니다. "내슈빌이나 뉴올리언스 같은 곳에서는 한 집회에서 수천 명이 그리스도를 믿기로 결신했는데, 그것은 참으로 가슴 벅찬 기쁨이었습니다. 이들 한 사람 한 사람 다 귀중한 생명을 소유하게 되었다는 사실에 생각이 미치자 내 마음은 더욱 큰 기쁨을 가눌 수 없었습니다. 각 사람은 참으로 주님께 중요하고 놀라운 존재들인 것입니다.

나는 빌리 그래함이 '복음을 들으러 모이는 것은 대중이지만, 그리스도를 믿겠다는 결단은 각 개인이 내리지 않으면 안 된다'고 말하는 것을 자주 듣곤 하였습니다. '하나님이 세상을 이처럼 사랑하사…' 그러나 각 사람이 홀로 개인적인 결단에 직면해야 합니다.…

하나님께서는 교회나 선교 단체 혹은 젊은이들의 모임 등에만 관심을 가지고 계시는 것이 아닙니다.… 하나님의 지대한 관심은 바로 당신에게 가 있습니다. 하나님께서 중요하게 여기시는 것은 당신이 말씀과 기도를 통해서 날마다 하나님과 교제하는 삶을 살고 있는가, 올바른 마음의 태도를 유지하고 있는가, 지속적으로 승리하는 삶을 살기를 힘쓰고 있는가 하는 것입니다.

주님의 관심은 바로 당신 자신이 그분이 명하신 바를 성취하기를 힘쓰며 당신을 통해 주님께서 영광받으실 수 있다는 믿음을 갖고 있느냐 하는 것입니다."

도슨은 매월 빌리 그래함 집회를 통해 주님께 나아오는 수천 명이나 되는 사람들을 양육하면서도, 결코 영적인 심장의 고동과도 같은 개인 양육에 대한 시야를 잃어버리지 않았습니다. 사실 그는 빌리 그래함 전도단과 함께 동역할 때에도 개인적인 양육에 초점을 맞춰 일했습니다. 다음에 나오는 글은 1956년 봄 네비게이토 간사였던 조지 크라이프가 쓴 '런던으로부터의 보고'라는 기사에서 발췌한 것인데, 도슨이 전도단에서 일할 때 양육에 기울인 노력이 다른 사람들에게 얼마나 큰 영향을 끼쳤는가 잘 보여 주고 있습니다. 이 내용은 1955년 런던의 웸블리 운동장에서 있었던 빌리 그래함 전도 집회 때의 일로 당시 도슨은 여느 때와 같이 양육하는 일을 돕고 있었습니다. 현재는 비록 네비게이토 선교회가 빌리 그래함 전도단을 위한 양육 프로그램에 더 이상 함께하고 있지는 않지만, 현재도 빌리 그래함 전도단의 양육 프로그램은 근본적으로 이 글에 나오는 내용과 일치합니다.

"1955년 5월 14일 오후 9시 20분, 런던의 웸블리 운동장에는 거의 10만에 가까운 군중들이 비를 맞으며 숨을 죽인 채 운동장에 메아리쳐 울리는 그래함의 마지막 구원 초청에 귀를 기울이고 있었습니다. 가랑비처럼 흩날리던 빗방울이 초청 시간이 되자 마치 기다리고나 있었다는 듯이 갑자기 굵어지기 시작하더니 눈부신 조명 아래 반짝거리는 대각선을 그리며 쏟아져 내려 삽시간에 에메랄드 빛 잔디를 흠뻑 적셔 버렸습니다. 빌리는 고개를 숙인 채 그대로 서 있었고 성가대는 은은하게 '큰 죄에 빠진 날 위해'를 부르고 있었습니다. 그 순간 스탠드를 꽉 메운 군중들 가운데 놀라운 주님의 사랑이 불꽃처럼 타올라 그것은 곧 거대한 불길이 되었습니다. 억수같이 쏟아지는 빗줄기에도 불구하고 3,400명의 영혼들이 물밀듯이 앞으로 몰려나왔습니다.

이 운명의 밤에 호기심에서 웸블리 운동장을 배회하던 한 젊은 이가 스탠드 꼭대기에 앉아 있었습니다. 그는 전에도 투견 시합을 구경하러 자주 이곳에 온 일이 있었습니다. 그러나 그날 밤 복음을 들으면서 그는 형언할 수 없는 간절한 마음에 사로잡혔습니다. 빌리 그래함의 구원 초청에 톰 에드먼즈는 자리에서 일어나 눈부신 조명 아래 쏟아지는 빗속을 뚫고 경주용 트랙으로 향하였습니다. 그가 수많은 사람들 틈에 끼여 강단 앞에 서자, 누군가가 그에게 말을 걸어 왔습니다. '여보세요. 제 우산을 같이 쓰시겠어요?' 바로 옆에 있던 사람이었습니다. 감사하는 마음으로 톰은 그의 우산을 같이 썼습니다.

퍼붓는 빗속에 조명을 받으며 강단 앞에 서 있는 동안에 톰은 왜 자기가 앞으로 나오게 되었는지 이유를 찾고 있었습니다. '도대체 그 이유를 알 수가 없군. 아무것도 달라진 게 없잖아.' 그는 빌리 그래함이 결신자들에게 주는 교훈을 귀담아들었습니다. 그리고 또박또박 회개의 기도를 따라 했습니다. 그렇지만 그의 마음속에 있는 갈증은 채워지지 않았습니다. '빌리 그래함을 개인적으로 만나 물어볼 수 있다면 얼마나 좋을까?' 하고 생각해 보기도 했습니다.

우산을 받쳐 준 사람이 톰에게 또 다시 말을 건네 왔습니다. '제 이름은 에드가 멘덴홀입니다. 저는 전도단의 상담자로 일하고 있습니다. 제가 혹시 도와드릴 일은 없을까요? 왜 앞으로 나오게 되었는지 이유를 좀 말씀해 주시겠습니까?'

'멘덴홀 씨, 저는 정말 뭐가 뭔지 모르겠어요. 제가 왜 이 자리에 나왔는지조차 모르겠으니 말이에요. 단지 그렇게 해야겠다는 막연한 생각이 나를 이곳까지 나오게 만들었을 뿐입니다. 저의 삶은 뭔가 잘못되어 있었어요. 사실 뭐 큰 잘못이라기보다도 목표와 방향이 없이 살아 왔던 것이 문제지요. 그런데 오늘밤에는 유난히도 공허한 느낌이 들어요. 빌리 그래함 목사님께서 하나님과 화목하는 길에 대해 말씀하신 것을 듣고, 저는 이 세상에서 무엇보다도 그처럼 하나님과 화목한 관계를 가지고 싶다는 생각이 간절해졌습니다. 이 앞까지 걸어 나오긴 했지만, 지금 이 순간도 저는 그러한 화목을 누리고 있지 못한 것 같습니다'라고 하면서 톰은 말꼬리를 흐렸습니다.

'그러나 당신도 하나님과 화목한 관계를 누릴 수 있습니다. 잠시 이 우산 좀 들어 주시겠습니까?'라고 말하면서 그 큰 사람은 코트

호주머니에서 성경을 꺼냈습니다. '무엇보다도 모든 문제는 하나님의 말씀을 통해 해결할 필요가 있습니다. 천지는 없어지겠으나 하나님의 말씀은 영원히 없어지지 아니하리라고 성경은 증거합니다. 그래서 저는 오늘 밤 모든 것을 성경을 근거로 해서 말씀드리고자 합니다. 그것을 믿음으로 받아들일 수 있겠습니까?'

'그럼요. 물론입니다.' 톰이 대답했습니다.

'그렇다면 당신의 문제에 대한 해결책은 있습니다. 이제 당신이 맨 먼저 알아야 할 것은 당신이 진실된 마음으로 하나님께 나올 때 하나님께서는 당신을 받아주신다는 사실입니다. 하나님께서는 "내게 오는 자는 내가 결단코 내어 쫓지 아니하리라"고 말씀하셨습니다. 만약 당신이 참으로 진실된 마음으로 나왔다면 하나님께서도 받아 주실 것입니다.'

'사실 저는 그런 마음으로 나왔습니다.'

에드가 멘덴홀은 즉시 성경 구절을 펼쳐 보여 주었습니다. 로마서 3:23—'모든 사람이 죄를 범하였으매…'; 로마서 6:23—'죄의 삯은 사망이요…'; 로마서 5:8—'그리스도께서 우리를 위하여 죽으심으로…'; 요한복음 1:12—'영접하는 자 곧 그 이름을 믿는 자들에게는 하나님의 자녀가 되는 권세를 주셨으니.' 그는 톰에게 한 구절씩 소리를 내어 읽게 했으며, 그 구절을 톰이 분명하게 이해하고 난 다음에야 그 다음 구절로 넘어갔습니다.

이 성경 구절들의 의미에 대해서 깊이 생각할 때, 톰의 얼굴은 위대한 진리의 빛으로 밝게 빛났습니다. '하나님께서 날 사랑하신다. 나의 죄는 모두 용서된다. 나는 하나님의 자녀가 되며 영생을 소유하게 된다!'

'지금 이 하나님의 선물을 받으시겠습니까?'

'제가요? 물론 그래야지요!' 그는 너무 기쁜 나머지 영국인의 전형적인 점잖음도 잃어버렸습니다. 함께 머리를 숙이고 우산 위로 줄기차게 퍼붓는 빗소리를 들으며 톰은 그리스도를 영접했고, 이로써 하나님과 화목하게 되었습니다.

에드가 멘덴홀은 톰에게 감정으로써가 아니고 오직 성경 말씀을 의뢰함으로써 구원을 확신해야 한다고 가르쳐 주었습니다. 그는 '구원의 확신'에 관한 네 개의 성경 구절과 함께 '그리스도와의 새출발'이라는 소책자를 톰에게 주었습니다. 그리고 그날 잠자리에 들기 전에 요한일서 5:11-12 말씀을 암송하도록 권면해 주었습니다. 그는 또한 톰에게 교회 출석과 개인 기도, 증거의 중요성을 강조해 주었습니다. 곧 이어 그는 톰을 격려해 주기 위해 윗저고리 옷섶에 고문이라고 쓰인 큰 리본을 달고 있는 사람에게 톰을 소개시켜 주었습니다. 톰은 그 사람에게 그의 첫 구원 간증을 했습니다. 톰은 그 고문과의 이야기를 끝내면서 '저는 바로 조금 전에 저를 도와주셨던 목사님께 참으로 감사하고 있습니다'라고 말했습니다. 그러자 그 고문은 '그 사람이 이야기하지 않았던가요? 그는 목사가 아니고 평신도로, 실내 장식가입니다'라고 말해 주었습니다.

톰은 아직도 여기저기 우산 속에서 두 사람이 성경을 펼쳐 가며 진지한 대화를 나누고 있는 모습들을 볼 수 있었습니다. 그가 운동장을 나설 때쯤에는 빗줄기가 점차 가늘어지기 시작했습니다. 운동장을 나서는 그의 마음속 깊은 곳에는 큰 평화가 넘쳐흘렀습니다.

톰이 그곳을 떠나자마자 웸블리 운동장 오른쪽 코너에 위치한 양육 본부에서는 즉각적인 행동을 개시했습니다. 그곳에서 일하는 자원 봉사자들이 수천의 결신자 카드를 정리하기 시작했습니다.

그 다음날 오후 톰은 빌리 그래함으로부터 편지를 받았습니다. 그가 주님을 영접하게 되어 주님께 감사드린다는 내용과 효과적인 그리스도인의 삶을 위한 몇 가지 제안들이 들어 있었습니다. 특히 '확신'에 관한 네 구절을 빨리 암송하도록 강조하였는데, 그 이유는 이렇게 성령의 검으로 무장해야 사탄의 초기 공격을 물리칠 수 있기 때문이라고 했습니다. 그 편지에는 또한 매일 성경을 읽고 기도하며 또 교회에 나가라고 권면하는 내용이 들어 있었습니다.

48시간이 안 되어 그를 그리스도께 인도한 상담자가 그에게 전화를 해서 개인적으로 격려해 주었습니다. 그리고 한 주가 지나기 전에 인근 지역교회 목사가 그를 방문하여 성경 말씀을 나누어 주고 돌아가며 그 다음 주 예배에 그를 초청하였습니다.

그러나 전도단의 양육은 여기서 끝나지 않습니다. 톰은 회심자를 위한 특별 집회에 초청받게 될 것이며, 최소한 한 번 더 네비게이토에서 출판된 기초 성경공부의 제1과를 동봉한 편지를 받게 될 것입니다. 상담자는 또한 최소한 한 번은 더 전화를 해서 톰이 잘 해나가고 있는지 알아볼 것입니다.

개인 상담과 양육이 동시에 이루어지는 이 프로그램은 고도의 짜임새 있는 과정일 뿐 아니라 개인 상담자들을 6주 동안 미리 훈련시키는 것이 특징입니다. 개인 양육을 위한 이 같은 집중 훈련 과정은 당시 네비게이토의 부회장이자 빌리 그래함 전도단의 양육 책임자였던 론 쎄니가 주관했습니다. 거기서 다루어진 주제는 개인적인 경건의 시간을 갖는 일에서부터 성경 말씀을 가지고 구체적인 영적 문제들에 대한 답을 찾는 일에 이르기까지 다양합니다. 이러한 원리들은 먼저 상담자들 자신의 삶에 중요한 영향을 미치게 되어 있습니다.

　상담자는 또한 상대방으로부터 개인적인 신뢰를 얻는 법과 그의 진정한 필요를 분별하여 하나님의 말씀으로 그 필요를 채워 주는 법도 배웁니다. 또한 그 사람으로 하여금 올바른 결단을 하도록 이끌어 주며 계속적인 관심을 가지고 말씀, 기도, 전도 등 기본적인 삶에서 성장하도록 돕는 방법에 대해서도 배웁니다.

　모든 상담자들은 상담자 배지와 함께 전도 집회를 위한 상담 지침서를 받고 매일 밤 대강당 안에 특별히 지정된 상담석에 배치됩니다. 그리고 구원 초청에 응하여 앞으로 나온 사람들 가운데 같은 성별을 가진 비슷한 또래의 사람에게로 다가갑니다. 그럴 수 없을 때는 상담석에 대기하고 있다가 고문의 지시를 받습니다. 상담자의 최종적인 책임은 피상담자와 영접 기도를 한 후 그를 고문에게까지 안내해 주는 것입니다. 그러면 고문은 결신자의 간증을 듣고 나머지 더 해결해야 될 문제가 있으면 해결해 줍니다.

　이 종합적이고 치밀한 양육 과정의 설계자는 당시 48세였던 네비게이토의 창시자인 도슨 트로트맨입니다. 그로부터 시작된 이 선교 단체에서는 모든 그리스도인은 영적으로 태어난 후에도 계속해서 성장하여 열매 맺는 삶을 살도록 도움을 받아야 한다고 굳게 믿고 있습니다. 그들은 참으로 거듭난 그리스도인이라 할지라도 개인적인 관심과 사랑을 가지고 돌봐 주는 영적 부모가 없으면 성장할 수 없다고 생각합니다. 1950년에 빌리 그래함의 요청에 의해 양육 책임을 떠맡게 된 도슨 트로트맨은 일생 동안 일대일 사역에 바쳐 온 그의 경험을 대중 전도라는 상황에다 쏟아 넣었습니다. 그 결과 대중 전도와 개인 양육이 고도로 조화 결합된 현 빌리 그래함 양육 프로그램이 나오게 된 것입니다. 현재 그는 대부분의 시간을 점점 더 세계적으로 확장해 가고 있는 네비게이토 선교 사역에 들이고 있으나, 네비게이토 선교회 부회장이던 론 쎄니로 하여금 빌리 그래함 전도단의 양육 프로그램의 실제적인 책임을 맡게 하는 등 계속적으로 적극적인 관심을 보이고 있습니다. 빌리 그래함이 유럽과 아시아에서 집회를 가졌을 때도 그 지역의 네비게이토 대표들이 런던 전도 집회 때와 마찬가지로 양육 프로그램을 진행하였습니다.

아마도 이 양육 프로그램의 가장 큰 장점은 많은 평신도들로 하여금 영혼을 구원하는 일에 집중적으로 드려지도록 하는 계기가 된다는 것입니다. 많은 사람들이 고백하기를, 전도 집회 상담실에서 첫 번째 영혼을 그리스도께로 인도한 그날 밤부터 비로소 자신의 영적인 성장이 시작되었다고들 합니다.

예를 들면, 에드가 멘덴홀과 그의 아내는 1954년 빌리 그래함의 런던 전도 집회 바로 전에 주님을 영접했던 사람들입니다. 그들은 자신들이 아직 영적으로 너무 어리기 때문에 다른 사람을 상담해 줄 수 없을 거라고 생각했습니다. '우리 자신이 먼저 도움을 필요로 하는데요'라고 그들은 말했습니다. 그럼에도 불구하고 그들은 상담자 훈련반에 참석해서 1954년 런던 집회 기간 중에는 개인적으로 114명을 상담했으며 때로는 새벽 2시까지 결신자들을 상담한 적도 있다고 합니다.

그로부터 일 년 뒤 그들은 이들 114명 가운데 110명이 주님의 은혜 속에 성장하여 지속적으로 지역교회에 출석하고 있는 것을 확인할 수 있었습니다. 1955년 웸블리 집회 기간 중에 그리스도를 믿게 된 톰 에드먼즈는 바로 이들 부부가 주님께로 인도했던 많은 사람들 가운데 하나였을 뿐입니다.

이 양육 체계가 결코 지역교회의 책임을 대신해 줄 수는 없습니다. 이 프로그램의 목표는 상담을 받는 모든 사람들로 하여금 현명한 결단을 내리도록 도와주며 결신 후 처음 48시간 동안 특별한 관심과 사랑 가운데 거하게 해주어, 그들을 가까운 지역교회에 연결시켜 주는 데 있습니다. 물론 전도단에서 간단한 성경공부 자료를 보내 주어 짧은 기간 동안 도와주기는 하나 그 다음부터는 주된 양육의 책임을 지역교회가 짊어져야 합니다.

한 목회자가 모든 새신자들에게 개인적인 관심을 쏟아 주기란 사실 거의 불가능한 경우가 많기 때문에 전도단 양육 본부에서는 평신도 양육팀을 구성하여 지역교회에 파송, 그 교회의 목사 지도 하에 양육을 실시하기도 합니다. 양육팀 멤버들은 각기 개인적으로 소수의 새신자를 맡아서 정기적인 교제를 통해 그리스도인의 기본적인 삶을 확립시켜 줍니다. 발생되는 문제는 매주 목사와 양육팀 멤버가 함께 만나 기도 가운데 해결해 나갑니다. 지금까지의 결과로 볼 때 이 프로그램은 매우 성공적이라는 것입니다.

론 쎄니는 뛰어난 안목과 전 세계를 포용할 만한 넓은 마음을 가진 사람입니다. 그는 상담자를 위한 상담 지침서를 만들어 전도단 양육 체계에 크게 기여했습니다. 그는 또한 지칠 줄 모르는 스태미나의 소유자였습니다. '우리는 결코 현재 성취한 것으로 만족할 수 없습니다. 집회가 끝날 때마다 개선해야 될 점들이 눈에 띕니다'라고 그는 말합니다. 실제 경험을 통해 만들어진 그의 상담 지침서는 바로 이처럼 끊임없이 개선해 나가고자 하는 열망으로부터 나온 것입니다.

오늘날 톰 에드먼즈는 영국에서 그리스도의 증인으로서의 삶을 살아가고 있습니다. 그는 그의 친구들 가운데 몇 명을 그리스도께로 인도했고, 또 이들 중에 한 사람은 또 다른 사람을 주님께로 인도했습니다. 톰은 자신의 영적인 출생과 성장을 도와준 이 양육 프로그램에 대해서는 잘 알지 못했지만, 한 가지 사실만은 확실하게 말할 수 있었습니다. 즉 그는 '예전에는 소경이었으나 지금은 볼 수 있게 되었다'는 것입니다."

양육에서 제자 훈련으로

도슨은 빌리 그래함 전도단과 함께 주님의 일을 계속 해나가는 가운데 점차로 양육 이상의 중요한 성경 진리, 즉 다른 사람들을 주님께로 인도하고 훈련시켜 재생산할 수 있는 제자로 삼는 일에 눈을 뜨게 되었습니다. 간단히 말해서 영적 재생산의 시야를 갖게 된 것입니다. 그는 모든 그리스도인이 이러한 삶의 특권을 누릴 수 있다고 믿었습니다. "재생산을 할 수 있기 위해서는 말을 잘해야 한다거나 어떤 특별한 리더십이 필요한 것이 아닙니다. 또한 화려한 학력이나 특출한 경력이 필요한 것도 아닙니다. 육체적으로도 그렇듯이 영적인 영역에서도 병이 없이 건강하고 성숙한 그리스도인이라면 누구나 자녀를 낳고 기를 수 있습니다. 모든 하나님의 자녀들은 영적인 **부모**가 되어야 하며, 또 그의 자녀들은 다음 세대를 **재생산**하는 영적 부모가 되어야 합니다. 주님 안에서 영적인 손자나 증손자를 보게 될 때까지 결코 만족하지 마십시오. 이것이 당신을 위한 목표입니다. 바로 이 목표가 여러분으로 하여금 계속 무릎 꿇고 기도하게 하며, 더욱 신령한 젖을 얻기 위해 부지런히 성경을 상고하게 해줄 것입니다."

육체적인 재생산은 창세기에 나오는 대로 하나님께서 주신 명령으로부터 비롯됩니다. "생육하고 번성하여 땅에 충만하라"(1:28).

도슨은 이 육체적인 재생산의 명령이 영적인 재생산을 위한 하나님의 계획과 일치한다고 믿었습니다. 재생산의 과정에서 한 영혼이 차지하는 중요성을 강조하기 위해서 도슨은 모리아 산상에서 제물로 드려진 이삭의 예를 들곤 하였습니다. 그때 만약 이삭이 죽었더라면 한 종족의 씨가 말랐을 것입니다. 그는 유태인 멸절을 일생의 목표로 삼았던 히틀러를 예로 들어 설명했습니다. "히틀러가 모리아 산상에 있었다고 한번 상상해 봅시다. 만약 그때 히틀러가 아브라함이 제단에 드린 이삭을 죽일 수 있었더라면 그는 단번에 모든 유태인들을 말살시킬 수 있었을 것입니다. 사탄이 그리스도인들로 하여금 세상일에 눈코 뜰 새 없이 바쁘게 만들어 재생산을 하지 못하도록 총력을 기울이는 이유가 바로 여기에 있다고 믿습니다."

도슨은 이 설득력 있는 예화를 통해 듣는 자들에게 비생산적인 활동에 시간을 낭비하지 않고 다른 사람들의 삶을 위해 그들의 시간과 정열을 쏟는 것이 절실하게 필요하다는 사실을 일깨워 주었습니다. 도슨은 개인적으로 제자를 훈련시키는 일에 역점을 두어 한 사람에게 집중적으로 시간을 투자해서 돕는 일에 초점을 맞추게 되었습니다. "형제들이여, 여러분의 사람은 어디에 있습니까? 자매들이여, 여러분의 사람은 어디에 있습니까? 여러분이 그리스도께로 인도해서 계속 주님과 동행하고 있는 사람은 어디에 있습니까? 오늘날 우리에게 있는 문제점은 너무 바쁘다는 것입니다. 먹고살기 위한 돈을 벌기 위해 바쁜 것을 말하는 것이 아니고, 소위 그리스도인의 활동에 바쁘다는 것을 말하는 것입니다. 그러한 활동들을 통해서 얻을 수 있는 열매는 무엇입니까? 우리가 바라는 열매는 오직 양육을 통해서 얻을 수 있습니다."

양육의 결과로는 재생산이 일어나야 하며, 또한 재생산이 가능한 사람들이 배가되어야 합니다. 이 사실을 설명하기 위해 도슨이 즐겨 인용하던 예화가 디모데후서 2:2에 나와 있습니다. "또 네가 많은 증인 앞에서 내게 들은 바를 **충성된 사람들**에게 부탁하라. 저희가 또 다른 사람들을 가르칠 수 있으리라." 여기에 영적으로 네 세대가 나옵니다. 바울 - 디모데 - 충성된 사람 - 또 다른 사람. 디모데가 영적인 아비 바울에게 배웠던 것들을 충성된 사람들에게 전달해 주게 되면 그들은 또 다른 사람들을 가르칠 수 있게 되는 것입니다. 이것이 바로 재생산의 과정입니다.

도슨 트로트맨의 주된 목표이자 오늘날 네비게이토 선교회의 기본 목표는 바로 '그리스도를 알고 그를 알게 하라'는 것입니다.

9

앞서 행하는 삶

너희는 내게 배우고 받고 듣고 본 바를 행하라.
빌립보서 4:9

내가 도슨으로부터 받은
한 가지 지울 수 없는 인상이 있는데,
그것은 본을 보이는 사람이었다는 것입니다.
짐 다우닝

도슨 트로트맨이 그의 인격과 말을 통해서 다른 사람들에게 그렇게 큰 영향을 줄 수 있었던 한 가지 이유는 날마다 자기도 다른 사람들에게 가르친 그대로 행하는 삶을 살았다는 데 있습니다. 그는 자기가 믿고 가르친 그대로 살았습니다. 그는 이러한 삶의 원리를 일컬어 '본을 보임'이라고 했습니다.

행하고 가르치라

도슨은 당시 교회 안에서 참으로 본을 보이는 사람들을 별로 볼 수 없었습니다. 당시에는 본을 보인다는 것이 그렇게 중요하게 여겨지지 않았기 때문입니다. 그러나 그는 늘 다른 사람으로 하여금 어떤 일을 하도록 하기 위해서는 자기가 먼저 그 일을 해야 한다고 주장했습니다. 사람들은 일반적으로 승리하는 그리스도인의 삶을 살기가 불가능하다고 생각하는 것 같은데, 그 이유는 그들의 지도자들의 삶 속에서조차 승리하는 삶의 모습을 보지 못하기 때문입니다. 도슨은 그의 믿음을 먼저 행동으로 옮기고 나서 비로소 그가 체득한 사실들을 다른 사람들에게 가르쳤습니다. 이를테면, 그는 먼저 성경암송을 오랫동안 실천하고 난 후에 다른 사람들에게도 마음속에 하나님의 말씀을 간직하도록 도전했습니다. 그는 돕던 해군들에게 '그리스도의 대사들'이 되라고 하기 전에 자기가 먼저 증거하는 삶을 살았습니다.

　도슨은 늘 이런 말을 했습니다. "본을 보이고 있지 않다는 것은 당신의 연약하고 비효과적인 삶밖에는 다른 사람들에게 전해 주고 있는 것이 없다는 말이 됩니다. 당신이 경험한 것 그 이상은 말하지 마십시오. 당신이 행하고 있지 않은 것은 가르치지 마십시오. 당신의 삶에서 실천하고 있지 않다면, 다른 사람들에게도 그것에 대해 이야기하지 마십시오." 이 본을 보이는 원리는 바로 도슨의 성공적인 사역의 비결 가운데 하나였습니다.

　도슨의 생애 가운데 가장 가까이 지낸 사람 중의 하나가 짐 다우닝입니다. 그가 도슨과 함께 지내며 동역하는 가운데 관찰한 것을 다음과 같이 이야기한 적이 있었습니다. "내가 도슨으로부터 받은 한 가지 지울 수 없는 인상이 있는데, 그것은 본을 보이는 사람이었다는 것입니다. 그는 무엇을 해야 할지를 알고 그대로 실천했으며, 그가 하고 있지 않는 일은 다른 사람에게 요구하지도 않았습니다. 이러한 놀라운 자질은 그로 하여금 무엇을 하든지 성공적으로 수행할 수 있게 해주었습니다. 그의 동기력, 추진력, 지혜, 열정… 등과 '무리를 인도하고자' 하는 강한 열망이 한데 어우러져 그에게 부과된 한 가지 위대한 과업을 성공적으로 수행할 수 있게 해주었습니다."

　미 군함 아스토리아호에 타고 있던 해군 빅 멕케니에 대한 도슨의 이야기는 증거하는 삶에서 본을 보인다는 것이 얼마나 중요한가를 잘 보여 주는 예입니다. "빅은 매력적인 형제였습니다. 물론 이 매력적이라는 말은 남자에게는 잘 사용하지 않는 그런 표현이지만 때로는 찬사를 보내는 의미로 쓰기도 합니다. 어쨌든 빅은 참으로 매력적인 그리스도인 수병이었습니다. 우리는 가끔 그를 '일급 요리사이자 일급 크리스천'이라고 부르기도 합니다.

  그는 주방에서 제일 선임인, 주방장이었던 관계로 밀가루 반죽이나 그릇 닦는 일을 할 필요가 없었습니다. 아스토리아호가 한번은 적도 부근을 지나는데, 참으로 찌는 듯한 무더위가 계속되었습니다. 배 아래 자리 잡고 있던 주방은 빵을 구워 내느라 그야말로 찜통을 연상케 했습니다. 바로 그 안에서 빅은 냉차를 아예 입에 문 채 솥에 파이를 넣고 있었습니다. 그는 하급자 한 사람에게 '이 냉차가 없다면, 나는 더 이상 버텨 낼 수가 없을 거야'라고 말했습니다. 그 사람은 아직 예수 그리스도를 믿고 있지는 않았으나 빅을 잘 알고 있었기에 그의 삶 속에 그리스도께서 살아 계시는 것을 느낄 수 있었습니다. 그래서 그는, '그렇지 않지요. 당신이 버틸 수 있는 것은 냉차보다 훨씬 귀한 무엇이 있기 때문이지요'라고 말했습니다.

  빅은 남태평양의 별빛을 받으며 8인치 대포 밑 갑판 위에서 종종 성경공부를 인도하곤 했습니다. 아스토리아호가 솔로몬 군도에서 침몰하기까지 빅은 40명의 승무원들을 그리스도께로 인도했습니다. 그들이 믿게 된 것은, 대부분의 사람들이 그렇듯이, 어떤 설교를 들어서가 아니라 빅의 삶을 직접 보았기 때문이었습니다."

  이들 그리스도의 군사들은 배 안에서 주어진 임무를 적당히 잘 해내는 정도가 아니라 최선을 다해 뛰어나게 해내려고 노력했습니다. 그들은 그들이 맡은 일을 통해 그들 안에 계신 그리스도의 능력을 잘 보여 줄 수 있었던 것입니다.

지도자의 본을 따르라

  1954년 봄 어느 날, 남부 캘리포니아의 헐몬 산에서 개최된 수양회에서 말씀을 전하기 위해 비행기를 탄 도슨은 나에게 그날 있을 저녁 설교에 대해 이야기하기 시작했습니다. 주제 말씀은 잠언 23:26이었습니다. "내 아들아, 네 마음을 내게 주며 네 눈으로 내 길을 즐거워할지어다." 그는 나에게 단지 귀로 듣고 배운 것이 아니라 눈으로 보고 배운 사람들의 예를 성경에서 찾아보자고 했습니다. 그때 우리는 부하들을 이끌고 전쟁에 참여했던 모세, 여호수아, 다윗과 같은 지도자들을 생각해 보았습니다. 그들은 먼저 앞서서 본을 보였던 자들이었습니다. 갑자기 도슨은, "이보게, 봅! 농부였던 기드온은 어떤가? 300명의 군사들을 이끌고 '메뚜기의 중다함 같고 그 약대의 무수함이 해변의 모래가 수다함 같은'(사사기 7:12 참조) 강력한 적군을 대항하여 싸웠던 그의 모습을 생각해 보게나"라고 말했습니다.

도슨은 조그만 갈색 상자에서 성경을 꺼내더니 사사기 7:17-18 말씀을 펼쳤습니다. 그리고 그는 그 말씀을 처음 보기나 한 것처럼 신이 나서 읽었습니다. "그들에게 이르되, '너희는 나만 보고 나의 하는 대로 하되, 내가 그 진가에 이르러서 하는 대로 너희도 그리하여, 나와 나를 좇는 자가 다 나팔을 불거든 너희도 그 진 사면에서 또한 나팔을 불며…'" 그 말씀을 가지고 그렇게 기뻐하는 사람은 처음이었습니다. 어찌나 신이 나 보이든지 그는 그 비행기가 베이커스필드에 착륙하더라도 아마 혼자서 계속 산타크루즈까지 날아갈 것만 같았습니다. "내가 하는 대로 너희도 그리할지니라."

바로 그 금요일 도슨을 사로잡고 있던 생각은, 아들은 아버지를 보고 아버지가 하는 그대로 따라 하게 되어 있다는 것이었습니다. 솔로몬과 기드온이 가르쳤던 이 진리를 그날 밤 도슨도 500여 명의 수양회 참석자들에게 강조하였던 것입니다. 처음에는 트로트맨 특유의 유머로 시작해서 몇 가지 전쟁 이야기를 들려주고 나서는, '본을 보임'이라는 주제로 메시지를 전했습니다.

"여러분은 양떼를 본 적이 있습니까?" 도슨은 청중에게 질문했습니다. "그런 기회가 있으면 놓치지 말고 잘 관찰해 보십시오. 한 마리 양이 널빤지 두 개를 한꺼번에 건너뛰면 뒤따르던 양도 따라서 그렇게 하고 그 다음 양들도 잇달아서 그대로 따라 합니다. 목자가 널빤지를 빼내 치워 버리면 어떤 일이 일어나는지 아십니까? 널빤지가 놓여 있었던 곳에서는 여전히 양들은 뛰어넘는 동작을 계속하게 됩니다. 그들은 '따라 하기' 게임을 즐기고 있는 것입니다. 더 이상 뛰어넘을 이유가 없는데도 불구하고 따라 하는 것이 습관이 된 양들은 앞 양이 하는 대로 뛰어넘는 것입니다."

도슨은 이어서 그림을 그려 가면서 사람들도 양과 같이 누군가 앞서 행하면 따르게 된다는 사실을 설명했습니다. "여러분 자신이 하고 있지 않은 일을 다른 사람에게 하게 할 수 없습니다. 당신은 뛰어넘지 않으면서 다른 사람에게 뛰어넘기를 기대하지 마십시오. 당신의 것이 되어 있지 않은 것을 다른 사람에게 나눠 줄 수는 없는 것입니다."

그리고 나서 다음 시간에 그는 500명의 참석자들에게 신약성경에서 예수님과 제자들, 그리고 바울이 이 중요한 그리스도인 삶의 원리에 대해 어떻게 말하고 있는지 보여 주었습니다. "예수님께서 갈릴리 해변에서 제자들에게 다음과 같이 말씀하시지 않았습니다. '내 말을 들으라. 그리하면 너희로 사람 낚는 어부가 되게 하리라.' 주님께서는 또한 그분의 충성된 제자들에게 '전도에 관한 책을 몇 권 읽어라. 그리하면 내가 너희로 사람 낚는 어부가 되게 하리라'고 말씀하시지도 않았습니다. 예수님께서는 '나를 따라오너라'라고 분명히 말씀하셨습니다. 그 후 3년 내내 그들은 그 말씀에 순종했습니다. 예수님께서는 그저 말씀으로만 가르치신 적이 거의 없었습니다. 주님께서는 그들과 함께하시며 본을 보여 주시고 설명하시는 등 구체적인 삶을 통해 가르치셨습니다. 네비게이토 선교회에서는 그것을 '동행의 원리'라고 부릅니다. 그것은 마가복음 3:14 말씀에서 나온 것입니다. '이에 열둘을 세우셨으니 이는 자기와 함께 있게 하시고 또 보내사 전도도 하며.'"

헐몬 산 수양회 참석자들이 부지런히 받아 적는 가운데 도슨은 이어서 고린도전서를 펼쳤습니다. 그는 4:14-16에 초점을 맞추었습니다. "…내 사랑하는 자녀같이… 그리스도 안에서 일만 스승이 있으되 아비는 많지 아니하니… 내가 너희를 낳았음이라.… 너희는 나를 본받는 자 되라." 그리고 곧 11:1로 넘어갔습니다. "내가 그리스도를 본받는 자 된 것같이 너희는 나를 본받는 자 되라."

그의 설교 방식은 엉뚱한 데가 있었는데 이날 저녁도 예외는 아니었습니다. 듣던 사람들이 피곤해하는 것을 보고 도슨은 그들의 정신을 집중시키기 위해서는 그가 말하고자 하는 내용을 시청각적으로 설명해야겠다고 마음먹었습니다. 그는 청중 속으로 들어가 두 청년을 불러 일으켜 그들과 나란히 섰습니다. "오른발 앞으로! 왼발 앞으로!" 세 사람 모두 될 수 있는 한 바짝 붙어 서서 마치 한 사람이 움직이는 것같이 단상 앞으로 걸어 나가 한가운데 멈춰 섰습니다. "맨 앞에 있는 사람을 예수 그리스도라고 합시다. 우리는 이 사람의 제자들입니다.

중간에 있는 당신의 이름은 바울입니다. 고린도와 그 밖의 작은 교회들에 편지를 썼던 사람이지요. 내 이름은 그리스보라고 합시다. 집은 고린도에 있으며, 지금껏 죽 거기서 살아 왔습니다. 바울이 고린도에 와서 복음을 전할 때, 나는 그의 이야기에 귀를 기울이게 되었고 예수 그리스도를 믿게 되었습니다.

나 그리스보는 바울의 발자취를 따라 걷고 바울 당신은 예수 그리스도를 가능한 한 바싹 따라갑니다. 주님께 발을 맞추십시오. 만약 당신이 주님의 발자취를 따르고 내가 당신의 뒤를 따라 걷는다면, 결국 나도 주님의 발자취를 따라 걷는 셈입니다.

우리가 모두 발을 맞춰 걸으며, 바울이 자신을 낮추고 드러내지 않는 한, 내 눈에 보이는 것은 바울이 아니라 그리스도입니다. 왜냐하면 그는 예수 그리스도를 바싹 좇고 있기 때문입니다.

이것이 바로 본을 보인다고 하는 것입니다. 이것은 성서적인 가르침으로서 빌립보 교회에 보낸 바울의 서신에 잘 나타나 있습니다. '너희는 내게 배우고 받고 듣고 본 바를 행하라. 그리하면 평강의 하나님이 너희와 함께 계시리라'(빌립보서 4:9)."

도슨은 젊은이들에게 이처럼 본을 보이는 면에 대한 중요한 예화나 명령에 해당하는 말씀들을 들려주며 찾아보도록 했습니다. "형제들아, 너희는 함께 나를 본받으라. 또 우리로 본을 삼은 것같이 그대로 행하는 자들을 보이라"(빌립보서 3:17). "또 너희는 많은 환난 가운데서 성령의 기쁨으로 도를 받아 우리와 주를 본받은 자가 되었으니"(데살로니가전서 1:6). "누구든지 네 연소함을 업신여기지 못하게 하고, 오직 말과 행실과 사랑과 믿음과 정절에 대하여 믿는 자에게 본이 되어"(디모데전서 4:12).

생활 속에서 실패를 통해 체험한 예화 몇 가지와 본을 보이는 영역에서 배운 교훈 몇 가지를 나눈 후, 그는 이렇게 끝을 맺었습니다. "만약 내가 따르는 자들로 하여금 그리스도 중심의 성령 충만한 삶을 살도록 도와주려면, 내가 먼저 그러한 삶을 살고 있어야 합니다. 내가 돕고 있는 사람을 말씀의 사람이 되게 하려면, 먼저 내가 날마다 하나님의 말씀 안에 거하고 있어야 합니다. 나의 영적 디모데로 하여금 재생산의 삶을 살도록 하려면 내가 먼저 사람 낚는 어부로서의 삶을 살고 있어야 합니다.… 바울이 데살로니가후서 3:7,9에서 우리에게 주는 교훈이 바로 이것입니다. '어떻게 우리를 본받아야 할 것을 너희가 스스로 아나니, 우리가 너희 가운데서 규모 없이 행하지 아니하며… 오직 스스로 너희에게 본을 주어 우리를 본받게 하려 함이니라.'"

　1954년 봄 헐몬 산에서 있었던 그날의 메시지는 보기 드물게 온통 본을 보이는 삶에 관한 주제로 일관하였습니다. 본을 보이는 삶에 대해, 도슨은 설교를 통해서보다 몸소 행함으로써 가르치기를 훨씬 더 좋아했습니다. 그는 그들의 체인에서 연약한 고리를 발견하게 되면 먼저 자신이 그들의 약한 영역에서 본을 보이려고 노력했으며, 다음에 적극적으로 이를 가르쳐 다른 사람들이 그들이 듣고 본 메시지를 이해하기를 바랐습니다.

　도슨의 생애에서 확신을 실천에 옮기는 면에 어떻게 본을 보여 주었는지를 극적으로 잘 보여 주는 또 하나의 실례가 있습니다. 이것은 어느 젊은 목사가 편지한 내용입니다. "도슨은 1954년 여름 우리 교회 가족 수련회에서 말씀을 전했습니다. 마지막 순서를 마치고 공항에 그를 자동차로 모시고 갈 기회가 있었습니다. 그는 아침 일찍 많은 사람들을 만났던 관계로 피곤했던지 차에 타자 매우 졸렸나 봅니다. 나는 그와 하고 싶은 이야기가 많았는데, 그는 갑자기 나에게, '켄 형제, 내가 잠깐만 눈을 붙여도 괜찮을까요?'라고 묻는 것이었습니다. 그때 나는 본심을 숨기고, '그럼요, 도슨 형제님. 어서 주무십시오. 공항까지는 약 한 시간은 가야 합니다'라고 대답했습니다.

물론 나는 속으로 그와 더 이상 대화를 나눌 기회가 없겠구나 생각하니 실망이 되었습니다. 그가 잠들자 차내에는 정적이 흘렀습니다. 공항 주차장에 들어서서야 그는 부스스 잠에서 깨어났습니다. 나는 차를 세우고 트렁크에서 그의 가방들을 꺼냈습니다. 그는 자기 시계를 들여다보더니, '이거 참 잘됐군요. 떠나는 시간보다 최소한 한 시간은 더 먼저 수속을 밟게 되었으니 함께 이야기를 나눌 수 있는 시간적인 여유가 충분하군요'라고 말하는 것이었습니다.

여행 수속을 마치고 나서 우리는 휴게실로 갔습니다. 그는 이런 말을 했습니다. '켄 형제, 앞으로 사역을 하는 데 도움이 될 수 있는 조그만 원리를 하나 말해 주고 싶습니다. 졸릴 때에는 절대로 다른 사람과 상담하지 마십시오. 차를 타고 오면서 나는 당신이 뭔가 나에게 이야기하고 싶어 한다는 것을 알고 있었습니다. 사실 나도 함께 이야기를 나누고 싶었지요. 그러나 나는 잠을 자고 나면 정신이 맑아져 최상의 컨디션으로 당신과 함께 이야기를 나눌 수 있다는 사실도 잘 알고 있었죠. 자, 이제 이야기를 나눕시다!' 그때의 일을 나는 잊을 수가 없습니다. 도슨은 말로써보다는 직접 행해 보임으로써 내게 교훈을 주었던 것입니다. 우리는 실제로 매우 유익한 시간을 가졌습니다. 그는 '지루하거나 피곤한' 가운데 마지못해 이야기 상대가 되어 주려고 하기보다는 최상의 컨디션으로 나를 돕고자 했던 것입니다. 그는 좀 더 진지한 태도로 나를 대하고 싶었던 것이죠. 그때의 일은 나에게 잠언 27:17 말씀을 상기시켜 줍니다. '철이 철을 날카롭게 하는 것같이 사람이 그 친구의 얼굴을 빛나게 하느니라.'"

바울이 젊은 디모데에게 기대했던 바와 똑같이 도슨도 그의 젊은 네비게이토 간사들이 모두 영적으로 본을 보이는 삶을 살기 원했습니다. "믿는 자에게 본이 되라"(디모데전서 4:12). 에베소 교회 책임을 맡은 디모데는 복음과 그리스도인의 삶에 관한 아름다운 교훈을 가르치도록 부르심을 받았습니다. 그런데 그 가르침의 대부분은 당시 에베소 교회 안에 있던 많은 사람들의 세상적인 생각과 심한 마찰을 빚게 되었습니다. 그렇기에 그의 삶이 그가 가르치는 내용과 일치하는 것은 그야말로 중요한 일이었으며, 그렇지 못할 경우 상대적으로 연소했던 그는 업신여김을 받기에 충분했습니다. 바울은 디모데에게, 모든 믿는 자에게 말과 행실과 사랑과 믿음과 정절에서 본이 되라고 가르쳤습니다. 디모데는 공적인 사역이나 대인 관계에서뿐만 아니라 사생활이나 생각에 이르기까지도 본을 보여야 했습니다.

이 본을 보이는 원리는 일찍이 해외에서 네비게이토 지역 대표로 수고했던 덕 스팍스가 관찰한 도슨의 삶 가운데서도 잘 나타나 있습니다. 주님을 닮아 가는 삶이 어떠한 것임을 보여 주는 생생한 모델이 되었던 그의 삶에 대해서 덕 스팍스는 다음과 같은 이야기를 들려주었습니다. "한번은 아미 족들 가운데서 주님을 섬기던 대만 지도자 로오 목사와 함께 대만의 산악 지대를 방문한 적이 있었습니다. 예전에 도슨도 대만을 방문한 적이 있었는데, 그는 성경학교에서 강연도 하고 이곳 산악 부족들과 며칠을 함께 보내기도 했는데, 그들 가운데 지금은 주 예수 그리스도를 따르는 제자들이 많으나 당시에는 사람 머리를 베어 가는 야만인들도 많았습니다. 나는 로오 목사에게 도슨 트로트맨을 생각할 때 가장 인상에 남는 것이 무엇이냐고 질문했습니다. 그때 나는 어떤 위대한 영적 진리 같은 것을 기대하며, 그가 도슨과 함께 지낼 때 일어났던 뭔가 굉장한 일에 대한 이야기를 해주길 기대했습니다.

로오 목사는 나를 보고 미소를 지으며 이렇게 말했습니다. '도슨 트로트맨은 내가 만난 외국인 가운데 가장 믿을 수 없을 만큼 놀라운 분입니다. 어느 날 줄기차게 내리는 비를 맞으며 산간벽지에 떨어져 있는 몇몇 마을을 방문하여 하나님의 말씀을 전한 적이 있었습니다. 오후 늦게 집에 돌아왔을 때는 옷이 흠뻑 젖어 추웠으며, 구두는 진흙투성이였습니다. 우리는 이런 때야말로 따끈한 차 한 잔이 제격이라고 생각했습니다. 그래서 여느 때처럼 더러운 구두를 현관에 벗어 놓고 부엌에 들어가 차와 과일을 준비했습니다. 약 15분 후에 돌아와 보니 마루 위에 작은 막대기와 천, 물이 놓여 있었습니다. 그는 흙투성이가 된 우리의 구두를 깨끗하게 닦아 놓았던 것입니다. 미국 사람이 중국 사람인 나의 구두를 깨끗이 닦아 놓았다는 것은 참으로 뜻밖의 일이었습니다. 그 사실이 믿어집니까?'

그럼요, 나는 믿을 수 있습니다. 그것은 도슨의 자연스러운 인격이었으니까요. 만약 누군가가 도움을 필요로 하거나 다른 사람을 돕는 데 있어 그가 할 수 있는 것이 있을 때면, 그는 기쁜 마음으로 도와주곤 했습니다. 그는 언제나 기회를 찾아서 친구가 되어주고, 영향을 주기도 하며, 상담도 해주고, 격려도 해주는 등, 그야말로 본을 보이는 삶을 살았으니까요."

1940년대 말에 있었던 한 가지 재미있는 일이 본을 보이는 삶에 대한 도슨의 도전에 다른 기독교 지도자들이 어떻게 반응했는지 잘 보여 줍니다. 십대 선교회(YFC) 지도자들을 위한 만찬회가 캘리포니아 남부 패서디나에 있는 도슨의 가정에서 베풀어졌는

데, 참석한 손님 가운데는 빌리 그래함, 클리프 배로우, 십대 선교회 국제 회장이었던 토리 존슨, 후에 월드비전 대표가 된 봅 피어스, 대유럽 선교회 창시자인 봅 에반스, 선교사인 데이브 모컨과 허브 미첼, 그리고 다른 몇몇 지도자들이 있었습니다. 라일라 트로트맨과 몇몇 자매들이 준비한 맛있는 식사에 이어 몇몇 네비게이토 형제들의 간증이 있었습니다. 이어서 도슨이 약 한 시간 이상, 참석한 지도자들에게 도전을 퍼붓기 시작했습니다. 그는 그리스도인이 기본적인 삶에 충실하며, 또 지도자가 따르는 자들에게 본을 보이는 삶이 얼마나 중요한 것인가를 역설했습니다. "우리의 간사들이 지속적으로 말씀 안에 거하지 못하며 날마다 경건의 시간을 충실하게 갖지 못하면서 어떻게 그들을 따르는 자들에게 그러한 삶을 기대할 수 있겠습니까? 우리의 핵심 되는 소수의 지도자들이 그렇게 살지 않으면서 그들을 따르는 간사들에게는 어떻게 그렇게 살도록 요구할 수 있겠습니까?

여러분! 핵심 되는 주요 지도자들이 암송, 정기적인 성경공부, 기도로 하나님을 만나는 일 등에서 훈련되지 못하는 이유가 무엇인지 아십니까? 우리들 자신이 먼저 그렇게 하지 않고 있기 때문입니다. 우리가 먼저 본을 보이지 못하는 것들에 대해서는 다른 사람들에게도 그렇게 하도록 요구하지 맙시다."

시간이 늦어지자 허브 미첼이 오늘은 이만 마치고 내일 아침 다시 모여 계속 이런 시간을 갖자고 제안했습니다. 그러자 토리 존슨이 갑자기 자리에서 벌떡 일어나더니 큰 소리로 말했습니다. "앉으십시오, 허브. 도슨의 도전은 아직 끝나지 않았습니다. 게다가 우린 아직 '결단의 초청'을 받지도 않았고요." 이에 참석자들은 한바탕 웃었고, 도슨의 이야기는 조금 더 이어졌습니다. 모두들 도슨의 도전에 깊이 공감하였습니다.

영국의 명장이었던 몽고메리 원수는 그의 회고록에서 다음과 같은 말을 했습니다. "나는 군대가 단지 수많은 탱크와, 총과 기관총 등으로 무장한 군인들의 집합이라고 생각지 않습니다. 그리고 군사력 역시 단순히 이 모든 것들의 산술적인 총화라고 생각지 않습니다. 군대의 참다운 힘은 각 부분을 통틀어 합한 힘을 훨씬 넘어서며, 또 그렇게 되어야 마땅합니다. 진짜 군사력은 사기, 감투 정신, 지휘관과 부하 간의 상호 신뢰에 의하여 좌우되며, 뛰어난 통솔력, 깊은 전우애, 그리고 여러 보이지 않는 정신적인 요소가 크게 영향을 줍니다."

이러한 지도력은 예수 그리스도의 몸 된 교회를 위한 도슨 트로트맨의 소원이자 간절한 기도 제목이었습니다.

10

그리스도의 몸을 위한 열정

흩어 구제하여도 더욱 부하게 되는 일이 있나니,
과도히 아껴도 가난하게 될 뿐이니라.
구제를 좋아하는 자는 풍족하여질 것이요,
남을 윤택하게 하는 자는 윤택하여지리라.

잠언 11:24-25

아무 일에든지 다툼이나 허영으로 하지 말고,
오직 겸손한 마음으로
각각 자기보다 남을 낫게 여기고,
각각 자기 일을 돌아볼 뿐더러
또한 각각 다른 사람들의 일을 돌아보아
나의 기쁨을 충만케 하라.

빌립보서 2:3-4

도슨은 교계 지도자들과 친밀한 관계를 맺고 있었는데, 이를 통해 그리스도의 몸에 상당한 기여를 할 수 있었습니다. 그의 절친한 친구들 가운데는 각 교파의 지도자, 교회 연합회나 선교 단체의 대표, 유명한 전도자, 목사, 교사와 같은 사람들이 있었습니다. 그는 그들을 섬기기 위해 그가 할 수 있는 방법을 찾았습니다. 그는 자기가 해야 될 일 중 하나가 그들을 격려하고 힘을 북돋아 주는 것이라고 믿었습니다.

그가 이렇게 믿었던 한 가지 이유는 교회를 그리스도의 몸이라는 전체적인 시야에서 보았기 때문입니다. 그는 기독교 기관끼리의 경쟁이나 서로 간의 비판을 극히 싫어했고, 자기 기관, 자기 교파 또는 자기 교회만을 위하는 경향을 배척했습니다. 그는 늘 자기가 속해 있는 지체만을 위하여 인력과 물질을 사용하고자 하는 흐름에 맞서서 싸우곤 했습니다.

또한 그가 가진 개념과 방법들 중 많은 것이 다른 사람들의 아이디어에 힘입은 것이라고 생각했기 때문에, 원하는 사람이 있으면 누구에게나 그가 받은 것을 나누어 주었습니다. 그리스도의 몸 전체에게 유익을 줄 수 있는 것을 자신의 유익만을 위해 붙들고 있어야 할 이유가 없다고 생각했습니다. 그가 가진 것은 주님의 것이므로 그 유익을 모든 사람들과 함께 누리기를 진정으로 원했습니다.

다른 사람들을 낮게 여김

실제로 도슨은 그가 가르쳤던 대로 후히 주는 삶을 살았습니다. 그의 마음속에는 아낌없이 후히 주어야 한다는 생각이 언제나 깊이 박혀 있었습니다. 그는 자기희생에 대하여 가르칠 때마다 빌립보서 2:3의 말씀을 강조하곤 했습니다. "각각 자기보다 남을 낮게 여기라." 그는 이 구절에 대해 다음과 같이 말했습니다. "사실 그럴 수가 없지요. 실제로 남이 자기보다 낫다고 할 때, 정말로 그렇게 여길 수 있습니까? 설사 자기보다 나은 사람일지라도 그 사람을 더 낫다고 생각하기는 어려울 것입니다. 우리의 타고난 본성이 그렇지를 못하기 때문입니다. 그러기에 위의 빌립보서 말씀은 인간의 본성과는 배치가 됩니다. 남을 자기보다 낮게 여기는 이들이 과연 얼마나 되겠습니까? 남이 자기보다 낫다는 이 사실을 받아들이지 못하는 것이 우리 인간의 본성입니다. 설사 받아들인다 해도 그렇게 행동하지는 않습니다. 나는 성경 말씀과 실제 경험을 통해서 빌립보서 2:5에 나오는, 그리스도의 마음을 품는 것이 2:4의 교훈, 즉 다른 사람들의 일을 돌아보는 원리의 핵심을 이룬다고 확신합니다."

도슨은 교계 지도자들과의 대화나 교회 수양회 때마다 로마서 15:5-6 말씀을 즐겨 나누곤 했습니다. "이제 인내와 안위의 하나님이 너희로 그리스도 예수를 본받아 서로 뜻이 같게 하여 주사 한마음과 한입으로 하나님 곧 우리 주 예수 그리스도의 아버지께 영광을 돌리게 하려 하노라." 그는 '나의 교회, 나의 계획, 나의 멤버, 혹은 나의 생각'이라고 하는 사고방식에서 벗어나야 한다고 역설했습니다.

다른 사람들의 일을 돌아봄

도슨은 성경 말씀에 헌신되어 있었으며, 또한 배운 것들을 삶 속에 적용하려고 끊임없이 노력했습니다. 그는 그리스도를 본받아 자기를 아낌없이 내어 주는 삶을 살았습니다. 그는 그를 부르신 주님의 부르심에 충성하였을 뿐 아니라, 늘 그리스도의 몸 전체의 유익에 관심을 기울였습니다. 때때로 국내외의 교계와 선교 기관, 기독교 단체 안에서 발생하는 경쟁, 다툼, 분열 등을 보면서 도슨은 그리스도 안에서의 지체들의 연합에 더욱 힘을 기울여야 되겠다고 마음속으로 다짐했습니다.

그가 그리스도인의 연합을 위해 노력하게 된 근거 가운데 하나가 빌립보서 2:5에 나와 있습니다. "너희 안에 이 마음을 품으라. 곧 그리스도 예수의 마음이니." 전후 구절인 1절부터 8절까지는 그리스도인들에게 같은 마음을 품고 사랑 안에서 하나가 되라고 가르치고 있습니다. 도슨은 그 말씀 가운데, 어떤 것을 '하라' 또는 '하지 말라'고 하는 명령이 거듭해서 나오는 것에 주목했습니다. 다툼이나 허영으로 하지 말라(3절), 각각 자기보다 남을 낫게 여기라(3절), 그리스도의 마음을 품으라(5절) 등.

이러한 배경 속에서 특히 4절이 두드러집니다. "각각 자기 일을 돌아볼 뿐더러 또한 각각 다른 사람들의 일을 돌아보아 나의 기쁨을 충만케 하라." 이것이 그리스도인들의 분쟁을 해결하는 열쇠가 됩니다. 상처에 바르며 환부를 싸매 줄 뿐 아니라, 갈라진 곳을 다시 붙게 해주는 치료제가 됩니다.

한번은 한 젊은 간사가 어느 기독교 단체의 사역에 대해 너무 깊이가 없다고 험담을 늘어놓자, 듣고 있던 도슨은 부드러운 목소리로, "그 단체의 사역 가운데 주님께 영광 돌릴 만한 일이 하나도 없다는 말인가?"라고 물었습니다. 그러자 그 간사는 그곳에도 감사할 일이 많이 있다는 것은 시인하지 않을 수가 없었습니다. 도슨은 이어서 말하기를, "어느 단체든지 먼저 장점을 찾아서 주님께 감사하고, 그들의 단점에 대해서는 도우려는 태도를 갖는 것이 바람직한 일이라네"라고 말했습니다. 도슨은 이러한 태도를 일생 동안 견지했습니다.

도움을 요청하는 사람들의 요구는 끊임이 없어, 때로는 시간 부족 때문에 거절해야만 하는 경우도 있었습니다. 어떤 경우에는 기도를 하고 나서 그들을 위하여 시간을 내어 돕기도 했습니다. 그는 자기가 먼저 본을 보이지 못하고야 어떻게 다른 사람들의 일을 돌아보라고 가르칠 수 있겠는가 하고 생각했습니다. 주님께서는 각각 자기 일을 돌아볼 뿐더러 또한 다른 사람들의 일을 돌아보라고 명하시지 않았던가?

도슨은 누가복음 6:38 말씀을 자주 나누곤 했습니다. "주라. 그리하면 너희에게 줄 것이니, 곧 후히 되어 누르고 흔들어 넘치도록 하여 너희에게 안겨 주리라. 너희의 헤아리는 그 헤아림으로 너희도 헤아림을 도로 받을 것이니라."

또 도슨이 좋아했던 구절은 잠언 11:24-25이었습니다. "흩어 구제하여도 더욱 부하게 되는 일이 있나니, 과도히 아껴도 가난하게 될 뿐이니라. 구제를 좋아하는 자는 풍족하여질 것이요, 남을 윤택하게 하는 자는 윤택하여지리라."

이것은 도슨이 물질적인 면에서뿐 아니라, 그리스도의 몸 안에서의 다른 지체들과의 관계에서 늘 주장하던 말씀이었습니다.

그는 이 원리가 당대에도 통하는지 알기 위해서 자기 한 사람부터 먼저 개혁 운동을 펼쳐 나가기 시작했습니다. 모두가 한결같이 너무 바쁘고 자기 일에만 집착한다면 어떻게 온 교회가 참다운 연합을 도모할 수 있겠습니까? 1954년 그는 모든 네비게이토 간사들에게 분명히 말했습니다. "마치 시계의 부속들처럼, 우리는 그리스도의 몸 안에서 전체 사역의 극히 일부분을 담당하는 지체입니다. 우리는 우리의 역할을 충실히 하고, 다른 지체들에 대해 비판하지 말도록 합시다."

"다른 사람들의 일을 돌아보라." 이 명령은 도슨의 마음속 깊이 뿌리박힌 확신이었습니다.

서로의 차이점을 진정으로 받아들임

요한복음 17:21-23의 예수님의 기도 속에서 도슨은 그리스도인 상호 간의 연합과 사랑이 복음을 가장 잘 나타내 주는 것 중의 하나라고 확신했습니다.

> 아버지께서 내 안에 내가 아버지 안에 있는 것같이 저희도 다 하나가 되어 우리 안에 있게 하사 세상으로 아버지께서 나를 보내신 것을 믿게 하옵소서. 내게 주신 영광을 내가 저희에게 주었사오니, 이는 우리가 하나가 된 것같이 저희도 하나가 되게 하려 함이니이다. 곧 내가 저희 안에, 아버지께서 내 안에 계셔 저희로 온전함을 이루어 하나가 되게 하려 함은 아버지께서 나를 보내신 것과 또 나를 사랑하심같이 저희도 사랑하신 것을 세상으로 알게 하려 함이로소이다.

도슨은 지엽적인 문제들에 대해서는 교파 간의 견해에 차이가 있음에도 불구하고 복음적인 교파 상호 간의 교제를 적극 장려했습니다. 복음에 관한 중요한 교리가 아닌, 특정 '진리'에 대한 어떤 견해에 집착한 나머지 서로 다른 지체에 속한 형제들을 위해 기도하지 못하거나 사랑하지 못하는 편협한 시야를 경계했습니다.

스위스의 비텐베르크에서 개최된 YFC(십대 선교회) 세계 전도 대회 때 있었던 사건은 도슨이 마음을 열고 너그럽게 포용하는 것을 왜 그렇게 중시하게 되었는지 잘 보여 주는 예입니다. 그 대회는 처음에 다양한 나라끼리의 분파로 인해 자못 무거운 분위기가 감돌았습니다. 세계 각국의 대표들이 '그리스도 안에서 하나'가 되기 위해 모였는데, 오히려 정반대의 현상이 벌어진 것입니다. 서유럽 대표들은 자기들끼리 몰려다녔고, 미국 대표들은 값비싼 옷으로 눈길을 끌고, 말없는 영국인들은 조용히 앉아 차를 들고 있었습니다. 어느 날 저녁 원로 선교사 휴버트 미첼이 강단에 올라 남부 인도에서 온 매우 검소한 한 사람을 강단으로 올라오도록 초청했습니다. 그리고 그는 동서양을 막론한 모든 대표들의 자기 밖에 모르는 자기중심적인 태도로 말미암아 무겁게 가라앉은 분위기를 부드럽게 경책했습니다. 그러고 나서 마태복음 25:36 말씀을 인용하면서, 그는 재킷을 벗어서 얇은 스웨터 하나만 걸치고 온 그 인도 선교사에게 걸쳐 주었습니다. 그 옷은 마치 맞추기라도 한 듯이 꼭 맞았습니다. 이것은 큰 감동과 기도의 분위기를 불러일으켜 결국 분리의 장벽을 허물어뜨리게 되었습니다. 그러자 그 모임의 분위기는 곧 그리스도 중심의 연합된 분위기로 바뀌었습니다. 여기서 우리가 얻을 수 있는 교훈은 명백합니다. 우리는 우리만을 생각하는 좁은 시야에서 벗어나 서로 돌아보며 그리스도의 몸 전체를 생각할 수 있어야 합니다.

도슨은 '그리스도 안에 있는 우리의 자원'이라는 제목으로 도전적인 메시지를 전하는 가운데, 사소한 분파 문제에 초점을 맞춘

적이 있었습니다. "어느 목사는 아침 일찍 일어나 서재로 가서 성경을 펼쳐 놓고 몇 구절 읽은 후 간단한 기도로 하루를 시작합니다. '주님, 오늘 저의 삶을 축복해 주시고 제가 축복의 통로가 되게 하여 주시며, 우리 교회 식구들을 축복해 주소서.'

길 건너편에 또 하나의 교회가 있습니다. 그 교회는 다른 교파에 속해 있습니다. 밖으로 보기에 그 두 교회의 목사는 행동 양식에 있어 약간의 차이가 있습니다. 이 차이가 그들 사이에 장벽을 쌓아 왔습니다. 그러나 두 사람 다 기도할 때는 누구에게 합니까? 똑같은 분에게 기도하지 않습니까?

길을 건너 조금 더 걸어 내려가다 보면 또 하나의 교회가 있습니다. 여기에서도 뭔가 좀 다른 것을 보게 되지만, 이 교회 목사 역시 기도를 합니다. 기도를 마치고 일어나 밖으로 나가 차를 타려다가 길 건너편 교회 앞에 드리워진 현수막을 봅니다. '7월 30일부터 부흥회.' 그는, '부흥회라고? 어느 누구도 부흥을 스스로 일으킬 수 없다는 사실을 저 양반은 모르나? "전도 집회"라고 쓰면 될 것을… 참으로 어리석군. 부흥을 스스로 일으킬 수 있다고 생각하다니…'라고 중얼거립니다. 그가 이렇게 비판하고 있는 사람이 누군 줄 아십니까? 바로 자기의 영적 전우입니다. 그는 그리스도 안에서 한 형제이자 주님의 종 된 사람에게 이런 험담을 하고 있는 것입니다.

드디어 7월 30일이 되었습니다. 그들은 훌륭한 강사를 모셨습니다. 강사를 보고 사람들이 모여든다는 것이 이상은 하지만, 훌륭한 설교와 프로그램으로 많은 사람들이 모여들었습니다. 20명 중 한 명은 새로운 사람들을 데려왔습니다. 조간신문에 그 조그만 교회가 사람들로 꽉 찼었다는 기사가 나왔습니다. 이것을 보고 건너편 교회 목사는 과연 함께 기뻐하겠습니까? 그는 아마, '글쎄, 뭔가 잘못된 것이겠지…' 하고 생각할 것입니다."

도슨은 이러한 부정적인 태도를 개탄했습니다. 우리가 무엇을 믿고 안 믿고를 따지면 나뉠 수도 있지만, 우리가 누구를 믿는가를 생각하면 얼마든지 연합할 수 있다고 그는 믿었습니다.

그리스도의 몸인 교회는 다양한 기능과 은사를 가진 여러 지체들로 이루어진 유기체입니다. 도슨은 이 영적 진리를 명확히 이해할 수 있었습니다. 그는 고린도전서 12장을 좋아했습니다. '분쟁이 아닌 연합'은 그가 늘 주장하던 모토였습니다. 25절이 핵심입니다. "몸 가운데서 분쟁이 없고 오직 여러 지체가 서로 같이하여 돌아보게 하셨으니." 상호 관심과 사랑, 서로 마음을 같이하여 돌아보는 관계가 수반되어야 합니다. 26절은 그의 개인 생활이나 가정생활, 그리고 그가 이끄는 기관의 산 모토가 되다시피 했습니다. "만일 한 지체가 고통을 받으면 모든 지체도 함께 고통을 받고, 한 지체가 영광을 얻으면 모든 지체도 함께 즐거워하나니."

도슨은 이렇게 말했습니다. "우리는 그리스도 안에서 한 몸을 이루고 있는 다양한 지체들입니다. 그러므로 우리는 서로 보완하여 조화를 이루도록 힘써야 합니다. 하나님께서는 각 지체끼리 서로 협력하기를 원하십니다. 우리는 지체 상호 간에 서로의 약점을 들추어 비판할 것이 아니라, 서로의 강점을 배우고 장려해야 한다고 생각합니다. 우리는 서로를 필요로 합니다!"

다른 지체에 대한 순수한 사랑과 관심이 있었기 때문에 도슨은 지엽적인 문제와 지체 간의 서로 다른 차이를 진정으로 용납할 수 있었습니다. 대학생 선교회(CCC)의 창시자인 빌 브라이트는 도슨에 대해서 다음과 같이 말했습니다. "도슨은 다른 사람들을 순수한 동기로 도와줄수록 하나님의 축복도 더하게 되어, 준 것보다 여러 배로 받게 된다는 진리를 잘 알고 실천했던 사람입니다. 우리가 광대한 UCLA 캠퍼스에서 사역을 처음 시작했을 때, 그는 내게 무척 큰 은혜를 베풀어 주었습니다. 그때 나는 아직 영적으로 미숙한 상태여서, 도슨은 헨리에타 미어즈, 딕 할버슨, 그리고 다른 몇 분과 함께 우리 선교회의 고문이 되어 주었습니다. 어느 날 밤에는 20여 명의 학생들이 주님께로 돌아온 적이 있었습니다. 계속해서 많은 영혼들이 주님께로 돌아오게 되자 나는 밤낮으로 그들을 돕느라 동분서주했습니다. 그래서 나는 도슨의 도움을 요청하지 않을 수 없었습니다. 그는 이에 응해, 몇 주 동안 매주 토요일 아침 6시에 와서 주님을 배우고자 하는 수십 명의 젊은 학생들을 도와주었습니다. 그는 제자 훈련 영역에서 우리를 도와준 것입니다. 그는 또한 몇몇 네비게이토 선교회의 일꾼들을 보내 우리를 도와주기도 했습니다. 이렇듯 도슨은 후히 주는 삶을 통해 초기 대학생 선교회의 사역에 큰 유익을 주었습니다. 그의 모범을 통해 나는 보다 넓은 시야에서 하나님께서 원하시는 것들을 보고 생각할 수 있게 되었습니다."

11

불타는 세계 비전

오직 성령이 너희에게 임하시면
너희가 권능을 받고
예루살렘과 온 유대와 사마리아와 땅 끝까지 이르러
내 증인이 되리라.
사도행전 1:8

나는 도슨을 무척 사랑합니다.
그는 나에게 세상의 진정한 필요를 일깨워 주었습니다.
주님께서는 그를 통해
나의 마음속에 세계 비전을 심어 주셨습니다.
덕 코우

19 49년 캘리포니아 중부의 아름다운 시에라네바다 산맥 중턱에 있는 흄 호숫가에서 수양회가 열린 적이 있습니다. 그때 도슨은 참석자들에게 영혼 깊이 파고드는 질문을 던졌습니다. "여러분의 마음속에는 무엇이 있습니까?" 햇빛 찬란한 어느 여름 날 아침에 의욕에 찬 젊은이들에게 그가 던졌던 그 도전을 함께 들어 봅시다. "왜 우리는 세계 비전을 가져야 합니까? 그것은 바로 하나님의 마음이기 때문입니다. 성경을 펴서 그리스도의 마음속에 무엇이 들어 있는지 알아봅시다. 성경에 근거하지 않으면 그 기반이 확실하지 못하기 때문입니다.

세계 비전을 가지려면 먼저 그 '방법적인 면'부터 알아야 합니다. 사도행전 1:8에 그 방법이 나와 있습니다. 나는 성령께서 한 문장으로 압축시켜 설명해 놓은 이 구절을 좋아합니다. '성령이 너희에게 임하시면'—이것은 바로 그리스도의 제자들이 필요로 하는 것이었습니다. '너희가 권능을 받고'—그들이 원하던 것이 바로 이것이었습니다. '내 증인이 되리라'—그리고 이것은 그들의 할 일이었습니다.

어디에서 이러한 일이 이루어져야 합니까? '예루살렘과 온 유대와 사마리아와 땅 끝까지'라는 말씀을 통해서 그 해답, 즉 구체적인 전략을 발견할 수 있습니다.

만약 복음이 내 집에서 역사할 수 있다면 다른 곳에서도 반드시 능력을 발휘할 수 있을 것입니다. 먼저 내가 있는 그곳에서부터 이 일이 일어나지 않으면 다른 곳에서도 마찬가지일 것입니다. 우리는 선교 활동 계획을 시작부터 잘못하는 경우가 많습니다. 나도 낯선 사람에게 복음 전하는 방법을 배우긴 했어도 가족, 이웃, 그리고 내가 일하는 제재소에서 어떻게 증거하는 삶을 살 수 있는지에 대해서는 별다른 이야기를 들은 적이 없었습니다.

오늘날 네비게이토 사역이 크게 번창하고 있는 이유는 우리가 주위에 있는 사람들로부터 시작하여 복음을 전하고 있기 때문이라고 생각합니다. 우리의 전도 대상은 바로 우리와 함께 살고 있는 사람들입니다. 네비게이토 형제 자매들은 그들이 처한 예루살렘, 곧 그들의 학교, 그들의 직장, 그들의 이웃, 그들의 군대 막사 등에서 먼저 복음을 전하고 있다는 것에 대해 나는 매우 기쁘게 생각합니다. 1940년대 중반 전쟁이 끝난 뒤, 이 사람들이 정규 훈련을 받고 세계 각 곳에 파송되어 복음을 전한 것도 이상한 일이 못 됩니다. 세계 비전은 한 영혼에 대한 비전에서부터 비롯됩니다. 하나님께서는 한 영혼을 사랑할 수 있는 사람에게 세계에 대한 짐도 질 수 있게 해주실 것입니다."

세월이 흐를수록 도슨의 세계 비전의 불길은 더욱 세차게 타올랐습니다. 워싱턴 D. C.의 덕 코우는 그의 세계 비전에 대해 다음과 같이 회상합니다. "나는 수백 명의 다른 젊은이들과 함께 도슨의 세계 비전에 큰 감동을 받았습니다. 그때 우리는 도슨의 가르침을 따라 세계 지도를 펴 들고 손가락으로 각 나라를 짚어 가면서 기도했습니다. 중국, 한국, 케냐, 남아프리카, 유럽, 라틴 아메리카 등지서 추수할 일꾼들을 보내 달라고 기도한 것입니다.

우리는 큰 나라로부터 이름조차 듣기 힘든 작은 나라에 이르기까지 온 세계를 위해 기도했습니다. 처음에는 매우 어리석은 일로 생각되었으나 지금은 그 중요성을 깨닫고 나 스스로 그때와 똑같이 기도하고 있습니다.

요즈음도 다른 나라들을 방문할 때면, 나의 마음에는 도슨과 함께, 커다란 세계 지도, 일꾼과 선교 기관들을 위해 했던 그의 많은 기도들, 잃어버린 영혼에 대해 그가 느꼈던 무거운 짐 등이 연상되곤 합니다. 나는 도슨을 무척 사랑합니다. 그는 나에게 세상의 진정한 필요를 일깨워 주었습니다. 주님께서는 그를 통해 나의 마음속에 세계 비전을 심어 주셨습니다."

이러한 세계 비전은 제2차 세계 대전 당시부터 도슨의 마음속에서 불타고 있었습니다. 1943년 위클리프 성경 번역 선교회의 캐머론 타운센드가 로스앤젤레스의 어느 교회에서 설교를 한 적이 있는데, 당시 도슨의 팀에 속해 있었던 한 형제가 그때 있었던 일을 이렇게 들려주고 있습니다. "우리는 롱비치에서 여러 군인들과 함께 그 예배에 참석해서 타운센드의 설교를 듣게 되었습니다. 그는 전 세계에 아직 문자가 없어 성경을 가지지 못한 부족들이 많음을 일깨워 주었습니다. 아직도 성경이 번역 출판되지 못한 언어만도 약 1,000개 정도가 된다고 하면서 세계 선교에 대한 관심을 자극했습니다. 타운센드는 설교 중에 우리가 앉아 있는 곳을 바라보면서, '도슨! 당신이 이끄는 500여 군인 형제들에게 제대한 후 훈련을 받고 이 모험에 적극 동참하도록 권면하면 어떻겠습니까?'라고 질문을 던졌습니다. 타운센드는 그날 밤 도슨으로부터 어떤 결심을 얻어 내기라도 하려는 듯이 잠시 말을 멈췄습니다. 그러자 도슨은 곧, '그것이 하나님의 뜻이라면 우리는 기꺼이 500명을 보내 드릴 용의가 있습니다'라고 대답했습니다."

어느 유명한 남침례교 목사가 다음과 같은 아름다운 이야기를 해주었습니다. "'도슨, 당신의 마음속에는 무엇이 있습니까?' 나는 그가 세상을 떠나던 날 아침 이렇게 질문했습니다. 그의 답은 간단했으나 의미심장한 것이었습니다. '온 세계입니다.' 나는 이러한 질문에 대하여 그와 같은 대답을 하는 사람은 한 번도 본 적이 없었습니다. 나는 그의 말이 진실이라는 것을 알았으며, 주님께 돌아가는 그 순간까지도 그의 마음속에는 세계가 자리 잡고 있었다는 사실을 알고는 큰 도전을 받았습니다."

'모두가 듣도록'

세계 비전을 가진 사람은 참으로 찾아보기 힘듭니다. 우리는 그저 우리가 속해 있는 지역에만 집착한 나머지 세계 다른 지역에 대해서는 무관심한 경향이 많습니다. 전에 동양에서 수고했던 한 선교사는 도슨이 어떻게 세계 선교에 대하여 올바른 시야를 가질 수 있도록 그를 도와주었는지에 대해 이야기한 적이 있습니다. "내가 중국으로 떠나기 전날 밤, 도슨은 나를 캘리포니아 남부 패서디나 언덕에 있는 그의 집에 초대하였습니다. 나는 무릎을 꿇고 기도했으며 도슨은 그의 손을 나의 머리에 얹고 기도했습니다. 내가 하나님의 대사로 중국에 보냄을 받기 위해 하나님께로부터 임명장을 받는 순간이었습니다. 도슨은 기도 가운데서, '주님, 주님의 마음속에 있는 세계를 이 젊은이의 마음속에 얹어 주시옵소서'라고 아뢰었습니다. 나는 그의 이 기도를 결코 잊지 못할 것입니다. 도슨은 대부분의 사람들이 한 나라 정도는 바라보지만, 온 세상에까지는 시야가 미치지 못함을 잘 알고 있었습니다.

나는 그 비전을 갖고 중국에 도착했습니다. 6개월이 지나자 중국 대륙은 공산화되었기 때문에 우리 모두는 떠날 수밖에 없었습니다. 모든 선교사들은 본국으로 다시 돌아가야 했습니다. 오직 하나님의 부르심을 받고 중국에 왔다고만 믿었기 때문에 당시 우리가 받은 상처는 이루 말할 수 없을 정도로 컸습니다. 그리스도의 복음의 문이 닫히게 되다니… 하나님의 부르심을 받고 그곳에 왔던 수백 명의 선교사들은 이제 혼돈의 와중에서 하나하나 철수하기 시작했습니다. 그러나 나는 하나님께 감사할 수 있었습니다. 도슨이 나에게 '이중 비전'을 심어 주었기 때문입니다. 즉 내가 속한 바로 그곳에서 추수할 곡식들을 볼 뿐더러 눈을 들어 희어져 추수하게 된 거대한 들판을 바라볼 수 있는 비전을 심어 주었던 것입니다."

도슨은 "또 다른 곳으로 뻗어 나가십시오"라는 말을 자주 하곤 했습니다. 그는 "당신이 처한 곳에서 맡겨진 작은 일을 끝마치면 그 다음에 맡겨질 일에 대비하십시오. 당신이 있는 곳에서 자족하기를 배우되 성령의 인도하심에 따라 항상 다른 곳으로 옮길 태세를 갖추십시오"라고 말하곤 했습니다.

도슨은 이 세계가 그의 세대에 복음화될 수 있다고 믿었습니다. '모든 사람이 듣도록!' 이것이 그의 슬로건이었습니다. 그는 크고 신나는 계획을 자주 세워서 때로 동역자들을 당황케 하기도 했습니다. 그는 모든 교회, 단체, 기타 모든 지체가 예수 그리스도의 지상사명을 감당할 책임이 있다고 생각했습니다.

그는, 세계 복음화는 '제자 배가'를 통해서 가장 효과적으로 성취될 수 있다고 확신했습니다. 그 전략은 바로 평신도들을 추수하는 대열에 참여시키고, 그 가운데서 보다 충성된 사람을 훈련시켜 일꾼을 만들어 내는 것이었습니다.

이때까지만 해도 도슨은 잘 알려지지 않은 '무명 인물'이었습니다. 물론 북아메리카에서는 잘 알려져 있었으나 세계적인 인물은 아니었습니다. 그렇지만 그는 자신의 이름은 물론 그의 교재나 기관을 널리 알리려고 하지 않았습니다. 네비게이토 안에는 홍보부가 따로 없었습니다. 그들은 단지 '그리스도를 알고 그를 알게 하라'는 임무를 묵묵히 실천해 나갔던 것입니다.

도슨은 자기 자신은 드러내려고 하지 않았으나 지상사명을 성취하는 일에는 대단한 열정을 가지고 있었습니다. 온 세계 사람들로 하여금 그리스도께 헌신하여 최대로 쓰임받도록 하는 일에 자신을 드리는 것이 그의 최대 관심사였습니다. 세계를 바라보는 그의 시야에는 지평선이 없었습니다. 그와 가까이 지냈던 사람들은 이러한 그의 비전과 확신에 함께 사로잡히게 되었습니다.

궁극적인 목표

"우리의 궁극적인 목표는 무엇입니까?" 도슨은 늘 개인적으로나 교회 혹은 선교 기관의 지도자들에게 이 질문을 던졌습니다. 회심하기 전 그의 목표는 가능한 한 돈을 많이 벌어서 즐겁게 사는 것이었으며, 실제로 이 면에서 그는 꽤 성공적으로 살아가고 있었습니다. 그러나 그리스도께서 그의 마음 중심에 들어오신 후, 완전히 새로운 가치관이 그의 삶을 사로잡았습니다. 이제 그의 목표는 가능한 한 많은 사람들을 그리스도께로 인도하는 것이었습니다. 그는 잃어버린 세월을 메우기라도 하려는 듯 잃어버린 영혼들을 구원하는 일에 전폭 뛰어들었습니다. 그는 날마다 모든 기회를 이용하여 복음을 전하였고, 전도한 사람들의 이름을 받아 적어 카드를 작성한 후 기도 제목으로 삼아 열심히 기도하였습니다.

그러나 점차 도슨은 자신의 사역이 별로 효과적이지 못하다는 것을 곧 깨달았습니다. 그는 후에 이렇게 회고했습니다. "그때 나는 커다란 충격을 받았습니다. 몇 달 혹은 몇 년 후 이들을 만나보면, 그들은 하나님의 회심자들이라기보다는 나의 회심자들이었습니다. 나는 그들을 돕는다고는 했지만, 하나님의 은혜로 그들의 마음이 변화되게 해주지는 못했던 것입니다."

그 결과 도슨은 개인 성장을 위한 집중적인 프로그램을 시작했습니다. 그의 목표는 성경암송과 성경공부였습니다. "하나님께서 사용하실 수 있는 사람이 되라"는 D. L. 무디의 말은 그의 새로운 목표가 되었습니다. 이와 함께 '하나님의 일꾼이 되라,' '그리스도를 알고 그를 알게 하라'는 것을 목표로 삼기도 했습니다.

그러다가 그의 가르침에 변화가 나타나기 시작했습니다. 40년대 말에 도슨은 점차 '모든 사람이 다 그리스도를 위해 재생산하는 삶을 사는 것'이 그의 마음속에 중요한 목표로 자리 잡기 시작했습니다.

그러나 그는 이것이 올바른 방향이긴 하지만 궁극적인 목표가 될 수 없다는 사실을 깨닫게 되었습니다.

그러면 그리스도인들에게 있어 궁극적인 목표는 무엇입니까? 도슨의 마음속에 그 목표는 점차 분명한 모습을 드러냈습니다. 그는 창세기 12:3에 나오는 "땅의 모든 족속이 너를 인하여 복을 얻을 것이니라"라는 말씀, 즉 아브라함의 이야기로부터 시작하여 이스라엘의 역사, 예언서, 그리고 그리스도의 생애에 이르는 하나님의 경륜을 추적했으며 결국 사도행전 1:8 말씀에서 그 결론을 찾았습니다. "오직 성령이 너희에게 임하시면 너희가 권능을 받고 예루살렘과 온 유대와 사마리아와 땅 끝까지 이르러 내 증인이 되리라 하시니라."

도슨이 깨달은 궁극적 목표는 '땅 끝까지' 증거하는 것을 통해 하나님께 영광을 돌리는 일이었습니다. 이 목표를 이루지 못하게 가로막는 유일한 장애물은 불신앙이었습니다. 1948년 5월에 그는 다음과 같이 말했습니다. "완수되지 못한 과업들이 산더미같이 쌓여 있습니다. 우리는 1%밖에 하지 못했고 나머지 99%의 일이 그대로 남아 있습니다. 내 마음이 주님께 고정되어 있지 않다면, 나는 세상의 엄청난 필요와 도처에서 들려오는 사람들의 부르짖음에 눌려서 그야말로 낙담할 수밖에 없는 실정입니다. 그러나 하나님께서는 여전히 세상을 사랑하시기 때문에 초기의 열두 제자들로부터 시작하여 오늘날의 제자들에게 천하 만민에게 복음을 전파하라고 도전하시는 것입니다. 지상사명을 주신 지 1,900여 년이 지난 지금 그 과업은 계속되고 있으며, 언젠가 반드시 주님의 은혜로 성취될 것을 믿습니다."

지상사명의 완수

제2차 세계 대전이 발발했을 당시 도슨은 도처에 흩어져 있는 그리스도의 군사들에게 다음과 같은 편지를 썼습니다. "사랑하는 조국을 위해 일선에서 하나님께서 허락하신 훈련을 받고 있는 네비게이토 형제 여러분, 아직도 복음을 듣지 못한 수많은 영혼들의 신음 소리를 듣고 계십니까? 저는 여러분 모두에게 주님의 도전에 응하시도록 촉구하고 싶습니다. '내가 누구를 보낼꼬?' 하는 주님의 질문에 '내가 여기 있나이다. 나를 보내소서!'라고 응답하시기 바랍니다."

도슨은 각 세대마다 지상사명을 성취해야 할 임무를 부여받았으며, 초기 사도들은 그들의 임무를 완수했다고 믿었습니다. "예수님께로부터 지상사명을 부여받았던 제자들 대부분이 살아 있던 당시 사도 바울은 다른 대륙에 있는 조그만 교회의 그리스도인들에게 다음과 같은 편지를 쓴 적이 있습니다. '우리가 너희 무리를 인하여 항상 하나님께 감사하고… 주의 말씀이 너희에게로부터 마게도냐와 아가야에만 들릴 뿐 아니라 하나님을 향하는 너희 믿음의 소문이 각처에 퍼진 고로 우리는 아무 말도 할 것이 없노라' (데살로니가전서 1:2,8). 사도들이 사역을 처음 시작했을 당시 그들의 수효는 겨우 120여 명에 불과했다는 점을 주목해 봅시다. 그런데 오늘날에는 얼마나 많은 그리스도인들이 살고 있습니까? 미국만 해도 수많은 신자들이 있습니다. 그리고 그들 대부분이 성구사전이나 성경에 관한 여러 서적들을 가지고 있습니다. 또한 훌륭한 교회 건물, 방송 설비, 교육 시설, 교통수단 등을 갖추고 있습니다. 그런 지금 과연 우리는 2,000년 전의 데살로니가 신자들과 같은 삶을 살고 있습니까? 그렇지 못합니다. 1949년 6월 26일 아침, 나는 우리도 우리 세대에 그 일을 할 수 있다는 것을 분명히 말씀드리고 싶습니다."

도슨의 지적에 의하면 이 지상사명의 성취를 방해하는 주요한 요인은 하나님의 약속을 믿지 못하는 불신입니다. 이러한 불신은 경건한 삶을 살고 있지 않기 때문에 나타나는 결과입니다. "바다를 건넌다고 해서 누구나 선교사가 될 순 없습니다. 지금 이곳에서 경건의 시간을 갖는 일에 실패한다면 외국에서는 더욱 힘들 것입니다. 이곳에서 당하는 유혹에 승리하지 못하고, 한 영혼을 그리스도께로 인도하는 일에 성공하지 못하며, 스스로 성경을 공부하는 일에 훈련이 되어 있지 못하면, 수천 마일 떨어진 해외에 나가서도 그렇게 할 수 없을 것입니다. 그렇지 않다면 기적이 될 것입니다."

그러나 도슨은 자신도 세계 비전을 갖기까지는 오랜 시일이 걸렸다고 고백했습니다. "나는 초기에 세계 비전에 대한 메시지를 전한 적이 없었습니다. 그 이유는 내가 그러한 비전을 가지고 있지 못했기 때문입니다. 나는 그만한 믿음을 갖지 못했습니다. 원함은 있었지만 어디서 어떻게 그런 비전을 가질 수 있는지 알 길이 없었습니다. 나의 가장 큰 문제는 하나님께서 하실 수 있는 것을 보지 못한 데 있었습니다. 그러던 중 나는 월트 형제와 함께 매일 아침 출근 전 두 시간씩, 주일날에는 세 시간씩 기도했습니다. 총 일백 시간 동안 하나님께 많은 것들을 구할 수 있었습니다.

우리는 처음부터 큰 것을 구하지는 못했지만, 마지막에 가서는 '주님, 우리들로 하여금 세계의 모든 대륙에서 주님을 섬길 수 있도록 해주십시오'라고 기도할 수 있었습니다. 우리는 우리가 구한 것들에 대해서 다 알 수는 없었으나, 하나님께서는 아셨습니다. 바로 그 사실이 중요한 것입니다. 정확히 기억나지 않는데 우리 중에 한 사람이 '세계 지도를 구해 오자'는 제의를 하면서 상황이 크게 달라지기 시작했습니다.

그것은 나의 시야를 온통 바꾸어 놓았습니다. 그때부터 시작하여 오늘날에는 더욱 간절히 기도하게 되었습니다. '오, 하나님 아버지, 우리에게 오로지 당신의 영광만을 위해 살 수 있는 강하고 충성된 십자가의 군사들을 보내 주십시오.'"

도슨은 지구상의 어느 조그만 도시에서 시작된 네비게이토 사역에 대해서 다음과 같은 이야기를 들려주었습니다. 그 도시는 전력, 통신, 수도, 식량 등 제반 문제를 스스로 해결할 수 있는 능력이 있었습니다. 당시 그곳에는 그리스도를 알고 그를 알리기를 열망하는 사람들이 약 백 명가량 있었습니다. 1941년 12월 7일 그 도시는 일본의 갑작스런 폭격을 당했습니다. 많은 젊은이들이 죽거나 중상을 입었으며, 그 도시는 '폐허'가 되어 물속으로 가라앉아 버렸습니다. 그러나 그곳에 있던 일백 명의 그리스도인들 가운데 살아남은 사람들은 미국 전역에 흩어져 하나님의 말씀을 전파하고 구세주를 증거하게 되었습니다.

그 작은 도시가 바로 미 군함 웨스트버지니아호였습니다. 전쟁을 통해 그 사람들을 흩으신 것은 하나님의 전략적 섭리였습니다. 몇 년 후 평화 조약이 맺어졌을 때는 수백 명의 군인들이 영적으로 훈련되고 무장되어 있었는데, 이는 남부 캘리포니아 언덕에서 구했던 도슨의 기도 응답이었습니다.

도슨은 사람들에게 세계 비전을 심어 주되 항상 성경 말씀에 근거를 두었습니다. 왜냐하면 권위가 없는 도전은 곧 사라져 버리고 쉽게 잊힌다는 사실을 그는 잘 알고 있었기 때문입니다.

"우리는 누구에게 나아가야 하며, 또 어디까지 나아가야 합니까?"

누구에게 나아가야 합니까?

▶ 열방, 만민　　　　　시편 96:3
▶ 열방　　　　　　　이사야 60:3,11
▶ 모든 민족　　　　　로마서 16:26

어디까지 나아가야 합니까?
- ▶ 땅 끝까지　　　　　　사도행전 13:47, 사도행전 1:8
- ▶ 온 천하　　　　　　　마가복음 16:15
- ▶ 여호와를 아는 지식이　이사야 11:9
  세상에 충만할 때까지

　일단 이러한 개념을 잡은 다음에 도슨은 이 막중한 사명을 성취하기 위한 실제적 열쇠에 대해서 다음과 같이 말하곤 했습니다. "20세기에 사는 우리들은 이 사명을 어떻게 성취할 수 있습니까? 세계 온 나라들을 선교사들로 꽉 채우면 될까요? 미국에서만도 지난 150여 년간 1만 명 이상의 선교사들을 파송해 왔습니다. 거기다가 영국, 스코틀랜드, 스칸디나비아 삼국, 그리고 유럽의 다른 나라들이 수천 명의 선교사를 파송해 왔습니다. 그러나 이 일을 이루기 위하여 정말 필요한 것이 무엇입니까?
　한 가지 중요한 문제가 무엇인지 아십니까? 우리는 다른 나라에 가면 외국인이 됩니다. 그들의 언어, 문화, 종교를 모릅니다. 그들과 먹는 것도 다르고 입는 것도 다릅니다. 이 모든 것들이 장벽들이며 최소한 작은 거침돌들이 될 수 있습니다.
　벌새의 생각을 알기 위해서는 벌새가 되어야 합니다. 당나귀의 행동이나 반응을 이해하려면 당나귀로 태어나야 합니다. 마찬가지로 중국, 아프리카, 라틴 아메리카 혹은 인도 등지에서 선교를 하기 위해서는 그들과 같이 되어야 합니다. 중국인들은 중국계 사람들을 접촉하기가 백인들보다 훨씬 쉽습니다. 꼭 백인들만 선교사가 되어야 한다는 성경 구절이 없는 것도 놀랄 일은 못 됩니다.
　지상사명은 모든 사람들에게 주어졌습니다. 한국 사람들도 동양에서만 아니라 그들의 발길이 닿는 곳이면 어디에서나 세계 비전을 가지고 살아야 합니다. 온 세계가 그들의 것인 것입니다. 이보다 덜한 수준으로는 결코 만족할 수 없습니다. 어디에 살고 있든지 어디에서 태어나 성장했든지 우리는 세상의 필요를 채울 수 있는 일꾼이 되어야 합니다. 이것은 우리에게 주어진 엄한 명령입니다.

지상사명은 한 영혼에 대한 비전에서부터 싹틉니다. 젊은이들이여! 한 영혼에 대한 비전을 가지기 전까지는 결코 세계 비전을 가질 수 없다는 것을 명심하십시오. 이 말은 전에도 들은 적이 있을지 모르겠지만, 또 들을 만한 가치가 있습니다. 먼저 한 나라에 대한 비전도 없이 결코 세계 비전을 가질 수는 없습니다. 한 도시에 대한 비전을 가지기 전에는 한 나라에 대한 비전도 가질 수 없습니다. 한 도시 전체에 대한 비전은 그 도시의 한 구역에 대한 비전으로부터 출발합니다. 아울러 한 사람에 대한 비전을 갖기 전까지는 결코 한 가족에 대한 비전을 가질 수가 없습니다!"

도슨의 이러한 확신은 자연적으로 개인 전도와 일대일 교제와 배가의 원리를 강조하는 것으로 나타나게 되었습니다. 도슨은 가정, 이웃, 지역 사회, 직장, 교회 등 어느 곳에나 있는 선교지를 위해 쉬지 말고 기도하라고 도전했습니다. 그는 개인적으로 그의 '뒤뜰'에서 미 해군들을 대상으로 복음을 전하기 시작했습니다. 그러나 그전에는 주일학교 소년들과 십대 아이들을 대상으로 선교 활동을 펼쳤었습니다. 그는 "당신이 처한 곳에서부터 시작하십시오. 그러면 하나님께서 당신의 사역을 확장시켜 주실 것입니다"라고 말하곤 했습니다. 그는 다음과 같은 말을 즐겨 하곤 했습니다. "당신의 질적인 삶의 깊이에 대해서는 당신 자신이 책임지십시오. 그러나 사역의 확장에 관해서는 일체 하나님께 맡기십시오."

  도슨은 기도는 세계 비전을 갖게 해주는 힘이 있다고 믿었습니다. "추수하는 주인에게 청하여 추수할 일꾼들을 보내어 주소서 하라"(마태복음 9:38). 그리스도께서는 바로 자기가 데리고 다니며 훈련시켰던 제자들에게 이렇게 기도하라고 말씀하셨습니다. 그러므로 도슨은 세계 비전을 키우는 데 있어서 기도가 차지하는 중요성을 늘 강조하곤 했습니다. "당신이 암송하고 있는 성경 말씀을 생활에 적용하려고 노력하는 것은 훌륭한 일입니다. 한 사람을 만나 그가 어렵고 힘든 성경공부 방법을 통달할 수 있도록 돕는 것 역시 훌륭한 일입니다. 그러나 당신의 기도 노트를 한번 보여 주십시오. 그것을 보면 당신의 영적인 삶의 깊이와 넓이가 어떠한지 한눈에 알 수 있습니다. 한 사람의 기도 노트에 나오는 기도 제목은 바로 그의 세계 비전을 알 수 있는 척도가 됩니다. 바로 거기에 당신의 마음이 가 있기 때문입니다. 당신이 기도하고 있는 그것이 바로 당신의 삶의 목표입니다."

  1948년 4월 19일 도슨은 미국에 돌아가기 위해 그동안 중국에서 사귄 많은 친구들을 뒤로 하고 홍콩에서 비행기에 몸을 실었습니다. 그동안 대부분의 메시지를 통역해 주었던 앤드류 기는 도슨이 특히 사랑하던 친구였습니다. 그는 도슨이 심한 옻이 올라 병원에 입원했을 때, 칭다오에서 개최된 마지막 집회의 책임을 대신 맡아 주었습니다. 도슨은 입원 당시의 일을 이렇게 회상했습니다. "나는 넘어졌지만 아주 엎드러지지는 않았습니다. 그 일로 인해 하나님께 불평하지도 않았습니다. 나는 도저히 회복될 가망이라고는 없는 사람들의 고통을 숱하게 목격했기 때문에 나의 고통에 대해서는 조금도 입을 열 수가 없었습니다.

딕 힐리스의 가정에서 그의 사랑스런 가족들과 함께할 수 있었던 것은 참으로 큰 특권이었습니다. 그들과 보낸 마지막 날, 그들의 어린 딸아이가 했던 짧은 기도가 지금도 내 귓전을 울립니다. 아침 식사가 끝난 뒤 여섯 살 난 귀여운 딸애에게 기도를 하라고 하자, 그 아이는 또랑또랑하게 트로트맨을 위시해 생각나는 모든 사람들을 위해 기도했습니다. 그리고는 다음과 같은 말로 기도를 마쳤습니다. '…사랑하는 하나님! 하늘나라에는 많은 식구들이 있겠죠. 그렇지만 하나님, 더 많은 사람들을 천국에서 보길 원해요.'"

"우리는 더 많은 사람들을 보길 원해요!" 이것이 바로 도슨의 삶과 사역에서 끊임없이 타오르던 열망이었습니다.

그는 세상의 많은 무리들에게, 그리고 가까이에 있는 개인에게, 각각 초점을 맞춘 이중 비전을 가지고 다음과 같은 글을 쓴 적이 있습니다. "수억의 영혼들이 굶주림과 목마름으로 허덕이고 있습니다. '구원의 우물'(이사야 12:3 참조)에는 그들의 갈증을 해소시키고도 남을 정도로 생수가 가득 들어 있습니다. 하나님께서는 그 생수를 떠서 마시게 해줄 수 있는 그릇을 찾고 계십니다. 그 그릇의 외모나 세상적인 가치는 별로 문제가 되지 않습니다. 다만 죽어 가는 영혼을 위해 생수를 길어 줄 수 있으면 됩니다. 그러한 그릇으로 하나님께서 사용하시기 위한 유일한 조건은, '주인의 쓰심에 합당한' 그릇 즉 죄로부터 깨끗이 씻음받은, 자기를 비운 그릇이어야만 합니다.

아마도 이 진리는 다음의 간단한 예로써 분명하게 이해될 수 있을 것입니다. 넓은 길 옆에 수정같이 맑고 시원한 생수가 흐르고 있다고 가정해 봅시다. 어느 목마른 여행자가 피곤하고 지친 모습으로 걷고 있다가 그 생수를 발견했습니다. 그는 입을 대고 그 물을 마실 수가 없어 떠서 마실 그릇을 찾았습니다. 그때 마침 세 종류의 그릇, 즉 금잔, 은주전자, 구리 컵이 보였습니다.

그릇들을 들여다보니, 금잔에는 무엇인가 담겨 있었고, 은주전자는 비어 있긴 했으나 흙이 묻어 지저분했습니다. 그러나 구리 컵은 깨끗하고 비어 있었습니다. 그 나그네가 어떤 그릇을 택했을는지는 당신의 상상에 맡기겠습니다. 이 진리의 핵심을 더 분명하게 알기 원한다면 사도행전 24:16, 디모데후서 2:20-21, 고린도전서 1:26-30 등의 말씀을 묵상해 보십시오. 당신은 어떤 종류의 그릇입니까?"

12

마지막 메시지

주님, 이 시간 들은 말씀 중에
주님께서 여기 모인 각 사람의 심령에
심어 주시고자 하는 것이 있다면,
그 말씀이 각 사람의 마음속에 남아서
각 사람의 삶이 되게 하여 주시옵소서.
도슨 트로트맨

1956년 6월 18일, 도슨 트로트맨은 뉴욕 슈룬 호수에서 물에 빠진 어린 소녀를 구해 주고 자신은 주님 품으로 돌아갔습니다. 다음은 그가 죽기 나흘 전 1956년 6월 14일, 콜로라도의 글렌에리에서 개최된 네비게이토 수양회에서 전한 짧은 메시지입니다. 이 메시지는 그의 마음을 강하게 사로잡았던 생각을 잘 반영해 주고 있으며, 어떤 의미에서는 네비게이토 선교회 사역의 요체라고도 볼 수 있습니다. 수십 년이 흐른 지금에 와서도 이 메시지의 내용은 여전히 네비게이토 사역의 기본 틀이 되고 있습니다.

'북두칠성 예화'

"세계 각지를 방문하던 중, 1948년 5월 어느 날 일어났던 한 조그만 사건을 여러분들과 함께 나누고 싶습니다.

그때 나는 프랑스 파리에 머무르고 있었는데, 당시 국제 기독 학생회(IVF)의 책임자로 있던 스테이시 우즈를 만나기로 되어 있었습니다. 파리 시의 어느 거리에서 우리가 만났던 시각은 거의 자정이 가까운 밤이었습니다. 그때부터 새벽 3시까지 거의 13번이나 여기저기서 사람들이 다가와 우리를 유혹했습니다. 그때야 나는 파리에서 혼자 밤거리에 나오는 것이 영적으로 좋지 못하다는 사실을 발견했습니다.

나는 하루를 더 묵게 되어 그날 밤을 주님께 드리기로 결심하고 혼자 베개와 담요 하나를 들고 조지 5세 호텔 옥상으로 올라가 자리를 잡았습니다. 별들이 반짝이는 아름다운 밤이었고 너무 덥지도 않고 춥지도 않은 적당한 날씨였습니다. 나는 반짝이는 별들을 바라보며 이것들을 창조하시고 각기 그 이름대로 부르시는 하나님을 찬양했습니다.

별들을 바라보며 하나님의 말씀을 묵상하고 기도하는 가운데 나는 그의 세미한 음성을 듣기 원했습니다. 그때 나는 다음과 같은 기도를 드렸습니다. '주님, 우리 네비게이토 선교회 사역 가운데 간과하거나 무시함으로써 주님께 기쁨이 되지 못한 일이 있으면 알려 주십시오. 혹은 저희가 주님께서 원하시지 않는 무엇을 하고 있지는 않습니까? 주님을 기쁘게 해드릴 수 있는 일은 무엇입니까?'

…하늘을 올려다보는데, 마침 북두칠성이 눈에 들어왔습니다. 일곱 개의 국자 모양 별들 가운데 네 개는 통 모양을 하고 나머지 세 개는 손잡이 모양을 하고 있다는 것에 주목하게 되었습니다. 계속 묵상을 하는 가운데 좋은 생각이 떠올랐습니다. 그 당시 나는 무엇이든지 기억하기에 좋게 예화들을 즐겨 만들어 사용하곤 했습니다. 이를테면, 수레바퀴 예화를 보면 그리스도 중심의 성령 충만한 생활을 쉽게 기억할 수 있듯이 말입니다. 그리스도인 생활의 핵심이 수레바퀴의 삶이기 때문에 나는 북두칠성을 바라보는 가운데 그 일곱 개의 별들 가운데 중심이 되는 별을 수레바퀴의 삶이라고 생각해 보았습니다. 그 별은 손잡이와 통의 한가운데서 다른 별들을 지탱해 줍니다.

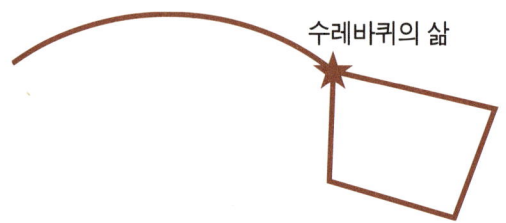

　계속해서 나의 시선은 바로 그 아래 별로 옮겨졌습니다. 그때 나는 '우리는 이미 말씀, 기도, 순종, 증거의 기본적인 삶에 대해 잘 알고 있다'는 생각이 들었습니다. 그래서 우리 네비게이토 형제들에게 성경 말씀을 강조하자는 취지로 말씀을 섭취하는 방법을 잘 보여 주는 '말씀의 손'—듣기, 읽기, 공부, 암송, 묵상—을 생각해 내었습니다. 이것들 가운데 하나라도 빠지게 되면 비정상적인 손이 됩니다. 십자가의 군병으로서 성령의 검을 잘 다루는 자가 되려면 이 다섯 가지 섭취 방법을 모두 균형 있게 사용해야 합니다.
　이 두 별은 우리 사역의 중추적인 요소로서 주 예수 그리스도 중심의 균형 잡힌 수레바퀴의 삶과 하나님의 말씀의 중요성을 잘 나타내 줍니다. 이것들이 없으면 하나님을 위해서 아무것도 할 수 없습니다.

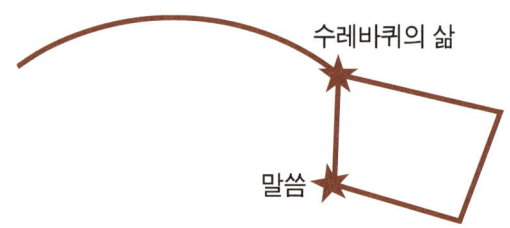

…계속해서 생각해 보았습니다. '네비게이토 사역에서 또 강조해야 할 것은 무엇인가?' 마땅히 전도가 되어야 할 것입니다. 전도는 우리 사역에서 심장의 고동과도 같습니다. 세 번째 별은 흙을 파내는 삽날에 해당합니다. 전도 없이는 아무것도 기대할 수 없습니다. 전도는 일종의 삽날과 같습니다. 우리의 목표는 갓 태어난 그리스도인이 다른 사람에게 복음을 전할 수 있도록 해주는 것입니다. 재생산을 못한다는 것은 결국 그가 불구로 태어났다는 말이 됩니다. 빌리 그래함 팀과 함께 세계 곳곳에서 대규모 전도 대회를 개최하기 전부터도 우리는 전도에 심혈을 기울여 왔습니다. 성경에 나타난 전도 형태는 어느 것이든, 일대일 전도나 소그룹 전도 혹은 대집회에 이르기까지 여러 가지로 다양하게 시도해 보았습니다. 주님께서 기뻐하시는 일일진대 어떻게든 계속해서 전도하기를 힘써야 할 것입니다.

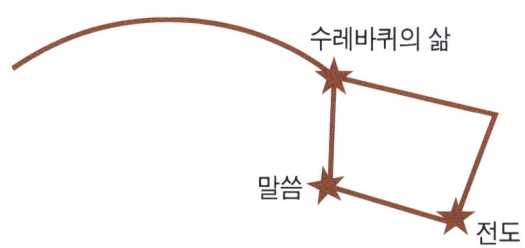

…삽을 가지고도 무엇을 퍼낼 수는 있지만 완전한 국자가 되기 위해서는 한 가지 더 필요한 것이 있습니다. 그것이 무엇이겠습니까? 퍼 올린 것이 쏟아지지 않게 하기 위해 필요한 것이 바로 네 번째 별에 해당하는 양육입니다.

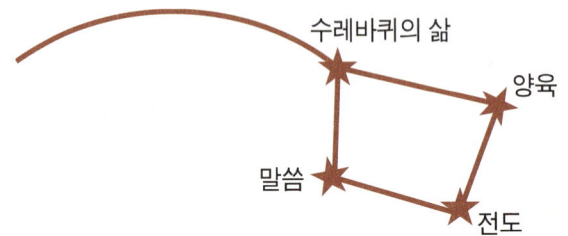

　일단 그리스도께 인도한 영혼을 계속 붙들어 주기 위해서는 양육이 필요합니다. 네비게이토 선교회는 그동안 전도의 열매를 보존하는 일에 강조점을 두고 일해 왔습니다.

　양육은 단지 결신자 명단을 지역교회에 보내 주거나, 혹은 강단 앞에 나온 새신자와 함께 간단히 기도하는 것으로 끝나지 않습니다. 양육은 마음의 태도요, 과정이며, 헌신이 요구됩니다.

　우리가 한 영혼을 그리스도께 인도한 순간부터 양육은 시작됩니다. 그는 영적인 갓난아이로서 이제 막 엄마 뱃속에서 나온 갓난아이와 다를 바가 없습니다. 다음과 같이 말하는 의사는 없을 것입니다. '아주 건강한 아이군요. 보아하니 적어도 일주일 정도는 신경 쓰지 않아도 잘 자라겠어요. 봅시다. 지금이 일요일이니까, 애기 엄마는 다음 주 일요일쯤 다시 와서 애가 잘 자라고 있는지 한 번 보도록 하시죠.' 영적으로 어린 그리스도인들도 마찬가지입니다. 왜 그들을 다음 예배 시간이나 다음 집회 때까지 일주일 내내 혼자 방치해 둡니까? 새 생명이 태어날 때 제일 바삐 움직이는 자가 누군지 아십니까? 다름 아닌 사탄입니다. '자, 월요일부터 다음 일요일까지는 시간이 넉넉하니까 페어플레이 정신을 발휘해서 슬슬 공격해 볼까?'라고 그가 생각할 줄 아십니까? 천만의 말씀입니다.

우리는 양육의 중요성을 믿습니다. 마지막 두 별은 전도와 양육으로서 재생산의 과정에 속합니다. 그러나 분명한 사실은 생산이 우선되지 않고 재생산을 기대할 수는 없다는 것입니다. 활발한 생산이 일어나야 재생산이 힘있게 일어날 수 있습니다. 건물은 튼튼한 기초 위에 세워져야 합니다. 지금까지는 주로 삶과 사역의 초석이 되는 4개의 별들에 대해 살펴보았습니다.

자, 이제는 국자 모양이 잡혔습니다.… 나는 호텔 옥상에 누워 계속 별을 관찰하며 묵상하는 가운데 이번에는 손잡이에 해당되는 북두칠성의 나머지 세 개의 별들에 대해 생각하게 되었습니다. 그리스도 중심의 성령 충만한 삶의 영역에서 우리는 그래도 잘 해나가고 있다고 생각되었습니다. 우리는 항상 만나는 사람들에게 경건의 시간을 잘 갖도록 하는 일과 하나님 말씀을 섭취하는 일을 강조해 왔으며 또한 그들로 복음을 전하며 새신자들을 돌보게 하기 위해 전력을 기울여 왔습니다. 그렇다면 우리에게 필요한 것은 또 무엇이라고 생각하십니까? 앞에서 살펴본 것들 외에 또 무엇을 위해 우리의 삶을 드려야 합니까?

…한 가지 생각이 마음속에 떠올랐습니다. 바로 본을 보이는 삶입니다. 그것은 생산과 재생산 사역의 문을 여는 손잡이가 됩니다. 이와 비슷한 의미의 다른 말들로는 '모범'이나 '네 개의 별을 실천하는 삶' 혹은 '귀감'이나 '모델', '원형'이라는 말을 생각해 볼 수 있겠습니다. 이에 대한 성경 구절은 마태복음 4:19입니다. 예수님께서는 제자들에게 '자, 나의 말을 잘 들어라. 그러면 내가 너희로 사람 낚는 어부가 되게 하겠다'고 말씀하지 않으셨습니다. 그러면 뭐라고 하셨습니까? '나의 말을 잘 들어라'가 아니고 '나를 따라오너라'고 말씀하셨습니다. 즉 우리는 단지 귀로 듣고 배우는 것이 아

니라 눈으로 보는 것에 의해 배우는 것입니다. 오늘날 교육의 커다란 문제점 중의 하나가 바로 이 사실을 간과하고 있는 것입니다. 우리는 12년간을 책상 앞에서 주로 듣는 것을 통해 교육을 받습니다. 그러나 가르치는 것은 단지 말하는 것으로 그쳐서는 안 되며 보여 주는 것이 수반되어야만 합니다. 이 주제에 관한 훌륭한 성경 구절이 바로 빌립보서 4:9입니다.

자, 들어 보십시오.… 참으로 놀라운 말씀입니다. '너희는 내게 배우고 받고 듣고 본 바를 행하라. 그리하면 평강의 하나님이 너희와 함께 계시리라.' 이것이 바로 그리스도인의 삶이 되어야 합니다. 여러분은 성경 말씀을 아는 것은 얼마 되지 않아도 그 말씀대로 살아가는 사람을 스승으로 택하시겠습니까, 아니면 창세기로부터 요한계시록까지 성경을 훤히 알기는 하나 그 말씀대로 살아가고 있지 않은 사람을 스승으로 택하시겠습니까? 아는 것은 많지 않지만 말씀대로 사는 삶을 보여 줄 수 있는 사람을 택하는 자가 우리 중에 얼마나 됩니까? 그러나 꼭 둘 중의 하나를 택할 필요는 없습니다.… 오히려 나는 성경도 처음부터 끝까지 훤히 알 뿐만 아니라 말씀대로 사는 사람이 되고 싶습니다!

위대한 교사요 전도자요 사도였던 바울은 '너희는 내게 본 대로 행하라'고 말했습니다. 또 누군가 이렇게 말한 사람이 있습니다. '어느 때나 나는 설교를 듣기보다는 그것을 보기를 더 원한다. 나는 어떤 사람이 단지 길을 말해 주는 것보다는 나와 함께 걸어가 주기를 원한다. 모든 설교자 중에서 가장 훌륭한 설교자는 그의 설교대로 사는 사람이다. 왜냐하면 모든 사람은 행동으로 나타난 선을 보기를 원하기 때문이다.'

나는 이 말을 좋아합니다. 그렇지만 현실은 교육 현장에서조차 안일하게 어떤 사실이나 숫자들을 잔뜩 외워 그저 육성으로나 칠판에 써서 그것들을 전해 주려 듭니다. 그러나 예수님의 방법은 달랐습니다. 그분은 항상 본을 통해 사람들을 이끄셨습니다. '이를 위하여 너희가 부르심을 입었으니, 그리스도도 너희를 위하여 고난을 받으사 너희에게 본을 끼쳐 그 자취를 따라오게 하려 하셨느니라'(베드로전서 2:21). 우리가 죄인들과 함께 대화를 쉽게 나눌 수 있는 것도 예수님께서 앞서 본을 보여 주셨기 때문입니다. 이처럼 본을 보인다는 것은 대단히 중요한 일입니다.

본에 관한 또 다른 구절 하나를 나누겠습니다. 그것은 데살로니가전서 1:5의 말씀입니다. '이는 우리 복음이 말로만 너희에게 이른 것이 아니라 오직 능력과 성령과 큰 확신으로 된 것이니.' 이렇게 말할 수 있었던 것은 사도 바울 일행이 그들 가운데서 그들을 위하여 어떠한 사람이 된 것을 데살로니가 교인들이 익히 잘 알고 있었기 때문입니다. 바울 일행은 자기들이 가르친 바대로 살아 본을 보였던 것입니다.

마지막으로 고린도전서 11:1 말씀을 하나 더 살펴보기로 합시다. '내가 그리스도를 본받는 자 된 것같이 너희는 나를 본받는 자 되라.' 바울은 자신이 주님을 따르고 있음을 확신했습니다. 그러므로 고린도 교인들이 그의 발자취를 따라오면 결국 예수님의 뒤를 따르게 된다는 사실을 잘 알고 있었습니다. 바울을 따르는 것은 곧 예수 그리스도의 발자취를 따르는 것입니다. 나는 그 구절을 그대로 다른 사람에게 주장하기는 어려우나 그렇게 사는 것이 나의 삶의 목표입니다.… 좋은 아버지와 어머니가 자식들에게 바라는 바도 이것일 것입니다. 바로 이것이 훌륭한 가르침의 핵심입니다. 구세주를 믿고 거듭난 그리스도인들이 바로 여러분과 똑같은 강점과 약점을 지닌 사람으로 자라게 된다면 여러분은 어떻게 하겠습니까? 그들이 여러분을 그대로 닮는다고 할 때, 여러분은 여러분의 약점들을 보완하기 위해서 열심히 노력하지 않겠습니까? 아버지는 어린 자녀들이 흔히 자기 또래들에게, '난 앞으로 커서 우리 아빠와 같은 사람이 될 테야'라고 말하는 것을 듣습니다. 그리스도 중심의 삶이나 지속적인 성경 말씀의 섭취, 그리고 날마다 열심으로 증거하며, 어린 새신자들의 영적 성숙을 돕는 등, 이 모든 영역에서 우리는 본을 보여야 합니다.

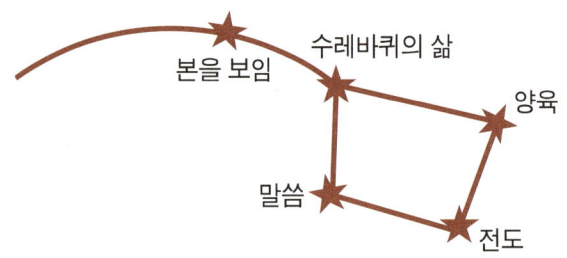

'주님, 주님의 마음에 있는 또 다른 것은 무엇입니까?'라고 기도했을 때, 한 구절의 말씀이 마음속에 떠올랐습니다. '너희 안에 이 마음을 품으라. 곧 그리스도 예수의 마음이니.'

당시 나는 성경을 가지고 있지 않았지만, 내 마음 판에 새겨 둔 성경 구절들이 많이 떠올랐습니다. 암송의 위력은 참으로 대단합니다! 성경 말씀을 마음 판에 새겨 두면 하루 스물네 시간 동안, 사망의 음침한 골짜기에서나, 푸른 초장에서나 어느 곳에서든지 묵상이 가능합니다. '너희 안에 이 마음을 품으라. 곧 그리스도 예수의 마음이니.' 이 말씀의 전후 문맥을 생각하면서 묵상을 계속했을 때, 우리가 힘써야 할 것이 바로 이것이라는 확신이 강하게 들었습니다.… 우리는 참으로 다른 이들의 종이 되기를 힘써야 합니다. 그런데 그때 이 빌립보서 2:5의 앞 구절들이 선명하게 떠올랐습니다. 북두칠성의 국자 손잡이의 가운데에 있는 별처럼… 나는 그 말씀들이 그리스도의 몸 안에서 너무나 소홀히 여겨지고 있다는 생각이 들면서, 주님께서 내게 맡겨 주신 책임이 얼마만큼 막중한 것인가를 깨닫고는 눈물을 억제할 수가 없었습니다. '아무 일에든지 다툼이나 허영으로 하지 말고 오직 겸손한 마음으로 각각 자기보다 남을 낫게 여기고.'

우리는 네비게이토 팀 안에서, 그리고 그리스도의 몸 전체 안에서 늘 겸손한 마음으로 자기보다 남을 낫게 여기고 다른 사람들을 섬겨야 합니다. 남이 자기보다 낫다고 여기는 사람들이 얼마나 있습니까? 서로 비판하는 잘못을 범하지 않기 위해서는 '각각 자기보다 남을 낫게 여기는' 태도가 필요합니다. 그리고 바로 다음 구절에서 '각각 자기 일을 돌아볼 뿐더러 또한 각각 다른 사람들의 일을 돌아보아'라고 말하고 있습니다. 이 구절에서 말하는 다른 사람들의 일은 그들의 말과 계획과 사역 등을 의미할 수 있습니다. 그런데 오늘날에 보면, 자기가 다른 사람보다 낫고, 자기 기관, 자기 교회가 최고고, 다른 기관, 다른 교회들은 자기들보다 못하다고 여기는 경향이 있는 것 같습니다. 그래서 감리교인은 감리교를, 침례교인은 침례교를, 루터교인은 루터교를, 장로교인은 장로교를 최고로 생각합니다. 자기가 속해 있지 않은, 다른 기관이나 다른 교파가 낫다고 말하는 것을 들어 볼 수가 없습니다. 민족관도 마찬가지입니다. 자기 민족이 다른 민족보다 우월하다고 생각합니다. 이것이 인간의 본성이요, 조상 대대로 물려받은 생각입니다. 그러나 하나님의 시야로 보면 모두가 똑같습니다. 황인종이 흑

인종이나 백인종보다 나을 것이 없고, 백인종이 다른 인종보다 나을 것이 없습니다. 우리 모두 그러한 믿음을 가질 뿐 아니라, 다른 사람들도 그렇게 믿을 수 있도록 노력합시다.

그날 밤 나의 마음속에 떠오른 생각은, 우리는 우리 자신만을 위해서 일하거나 우리 자신을 세우는 일에 몰두할 것이 아니라, 자기가 속한 팀, 자기가 속한 기관, 자기가 속한 지역교회, 나아가 우주적 교회, 즉 그리스도의 몸을 세우기 위해 일해야 한다는 것이었습니다. 물론 어떤 신학적인 견해나 예배 순서 혹은 교리 등에 있어서는 서로 차이가 있을 수 있지만, 어느 지체나 예수 그리스도께서 주님이 되셔야 한다는 것에는 차이가 있을 수 없습니다. 그러므로 다른 지체들을 뒤에 서서 밀어 주고 성원해 주기를 힘씁시다. 다른 사람들의 사역에 대하여 들을 때마다 우리는 먼저 무엇이 잘못되었는가보다는 무엇이 잘되고 있는가를 발견하여 그들을 격려하고 힘을 북돋아 줄 수 있어야 합니다.…

물론 이 일에는 희생이 따르지만, 잠언 11:24-25 말씀은 여기에도 적용될 수 있습니다. '흩어 구제하여도 더욱 부하게 되는 일이 있나니, 과도히 아껴도 가난하게 될 뿐이니라. 구제를 좋아하는 자는 풍족하여질 것이요, 남을 윤택하게 하는 자는 윤택하여지리라.'

우리는 다른 이들을 섬기는 삶을 살아야 합니다. 주님께 속하여 주님을 사랑하는 사람들이라면, 어떤 지체에 속해 있든지 그들을 섬길 수 있어야 하며, 가능한 한 그들을 도울 수 있는 기회를 저버리지 말아야 합니다. 나는 이것이 주님의 마음이며 주님의 뜻이라고 확신합니다. 솔직히 말씀드려, 주님께서 원하시지 않는 일이라면 나는 그것을 얼마든지 그만둘 용의가 있습니다. 그러나 나는 주님의 뜻이라면 무엇이든지 할 각오가 되어 있습니다.

우리가 다른 사람들로부터의 요청에 응하여 그들을 섬길 때 주님께서는 우리를 실망시키시지 않을 것입니다. 우리가 주님의 말씀에 순종할 때 주님께서는 결코 우리를 실망시키시지 않습니다. 다른 이들의 참필요를 발견하여 채워 주는 일에 힘써야 합니다.

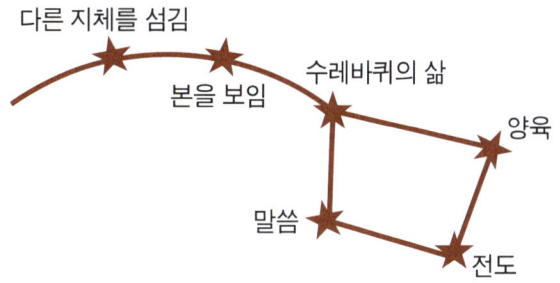

자, 이제 마지막 별에 대해서 생각해 봅시다. 호텔 옥상에 올라온 지 두세 시간이 지났는데도 그리 찬 기운을 못 느꼈습니다. 나는 혼잣말로 '저 마지막 별로부터는 세계 비전이 펼쳐져야겠다. 우리가 갈 수 있는 한 저 멀리 땅 끝까지!'라고 중얼거렸습니다. 이렇게 해서 하나님께서는 일곱 번째로 강조할 것을 나의 마음속에 심어 주셨습니다. 물론 그 일곱 번째 별로 완전한 북두칠성이 이루어져 이젠 더 이상 다른 별이 필요 없다는 것은 아닙니다. 그 외에도 필요한 것들이 많다고 생각합니다. 우리는 계속해서 우리를 향하신 하나님의 뜻을 배워 나가고 있는 것입니다. 그러므로 하나님께서 마음에 품고 계신 뜻에 대해 마음을 닫는 일이 없도록 하십시오.

우리는 성경에 근거하여 세계 비전을 가르쳐야 합니다. 즉 사도행전 1:8에서 예수 그리스도께서 우리에게 주신 지상사명, 곧 땅 끝까지 복음을 전하라는 마지막 명령에 뿌리를 두고 있어야 합니다.

여러분은 세계 비전에 사로잡혀 본 일이 있습니까? 하나님께서는 우리 모두가 세계 모든 민족에 대해 그저 잠깐 지나치는 식의 관심을 갖는 것이 아니라, 진정 우리가 어떠한 영향력을 끼칠 수 있는지 진지하게 생각해 보기를 원하십니다. 현재 네비게이토 선교회는 세계 여러 나라에 들어가 있습니다. 우리의 목표는 세계 모든 나라에서 주님을 섬기는 것입니다. 우리의 목표는 새로운 조직을 만드는 데 있지 않습니다. 오히려 우리의 뜻은 여러 지체들과 서로 협력하여 주님을 섬기고자 하는 것입니다.

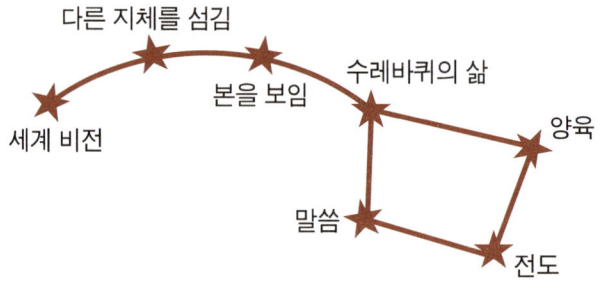

이 마지막 세 개의 별들은 지렛대 구실을 하는 손잡이가 됩니다. 이것이 바로 재생산하는 일꾼들을 재생산하는 방법입니다.

재생산은 그리스도 중심의 성령 충만한 삶에서 비롯됩니다. 이것이 열매 맺는 삶의 기초가 됩니다. 하나님의 말씀을 섭취하며 전도와 양육에 삶을 투자합니다. 그러면 재생산의 삶이 시작됩니다. 그저 하나의 열매만 달랑 맺고 끝나는 나무가 하나님을 영화롭게 할 수는 없습니다. 그러나 재생산을 통해 온 세상에 그 열매를 퍼뜨릴 수 있는 나무가 될 씨앗을 생산하는 나무는 진정 하나님을 영화롭게 할 수 있을 것입니다.

지금까지 나는 여러분을 향해 설교를 하려고 한 것이 아니라 단지 그때 파리 호텔 옥상에서부터 나의 마음속에 자리 잡기 시작했던 생각들을 함께 나누고 싶었을 뿐입니다. 자, 이제 함께 기도합시다.

주님, 이 시간 들은 말씀 중에 주님께서 여기 모인 각 사람의 심령에 심어 주시고자 하는 것이 있다면, 그 말씀이 각 사람의 마음속에 남아서 각 사람의 삶이 되게 하여 주시옵소서. 주님의 말씀을 성령께서 인쳐 주시옵소서. 오 주님, 제가 오늘 밤 주님의 길에서 벗어났거나 주님의 뜻에 어긋나는 말을 혹시라도 했다면 흘러가는 물처럼 다 기억 속에서 지워 주시옵소서.

이 젊은 무리들이 각자 집으로 향할 때 그들로 하여금 네비게이토 수양회나 글렌에리(네비게이토 본부)를 기억하지 말게 하시고, 오직 주님과 함께 보낸 시간을 기억하게 하시고, 그 축복을 나누게 하소서. 사랑의 주 예수 그리스도의 이름으로 기도하옵나이다. 아멘."

불타는 세계 비전

초판 1쇄 발행 : 1988년 2월 1일
3판 1쇄 발행 : 2009년 9월 25일
3판 7쇄 발행 : 2024년 8월 12일

펴낸곳: 네비게이토 출판사 ⓒ

주소: 03784 서울시 서대문구 연희로 16 (창천동)
전화: 02) 334-3305(대표), 334-3037(주문), FAX: 334-3119
홈페이지: http://navpress.co.kr
출판등록: 1973년 3월 12일 제10-111호
ISBN 978-89-375-0352-8 03230

본 출판사의 서면 허락 없이는 본서의 전부 또는
일부의 무단 복제, 또는 원문에 대한 무단 번역을 금합니다.